3日でわかる法律入門

# 刑法総論



第11版

尾崎哲夫著

自由国民社

## はじめに――法律をみんなのものに

### ❖私たちと法律

「法律は難しい」というイメージがあります。

また「法律は専門的なことで，普通の人の普通の生活には関係ないや」と思う人も多いことでしょう。

しかし，国民として毎日の生活を送るかぎり，いやおうなしにその国の「法律」というルールの中で生きているはずです。

クルマに乗れば，道路交通法に従わなければなりません。

商取引は当然，商法などの法律の規制の下にあります。

私達はいわば法の網の目の中で，日々の生活を過ごしているわけです。

法律の基本的な知識を持たずに生活していくことは，羅針盤抜きで航海するようなものです。

### ❖判断力のある知恵者になるために

法律を学ぶことには，もう一つ大きな効用があります。

**法律を学ぶと，人生において最も大切な判断力が養われます。**

**ともすればトラブルを起こしがちな人間社会の生活関係において，そこに生じた争いごとを合理的に解決していく判断力を養うことができます。**

たとえば，学生が学校の銅像を傷つけたとします。

判断力のない小学生の場合，次のような反応をします。

「えらいことをしてしまった。叱られるかな，弁償かな」

でも法学部の学生なら，次のような判断ができるはずです。

「刑法的には，故意にやったのなら器物損壊罪が成立する」

「民法的には，故意／過失があれば不法行為が成立する。大学は学生に対して損害賠償請求権を持つ」

このように判断した後ならば，次のような常識的判断も軽視できません。

「簡単に修理できそうだから，問題にならないだろう。素直に謝って始末書を出せば平気かな，わざとやったわけではないし」

**❖刑法について**

刑法は，憲法，民法と共に法律の中心です。

弟分である刑事訴訟法とあわせて，六法の中の二つを占める法律です。

刑法の理論体系は，論理的体系として法律を学ぶ者が一度は登らなければならない山です。

**❖誰でもわかる法律の本を**

ところが従来の法律の本は，刑法にかぎらず専門的すぎてわかりづらいものがほとんどでした。法律はやさしいものではないのだから，読者が努力して理解するものだ，という発想があったことは否定できないと思います。

かなり優秀な法学部の学生や基礎的知識のある社会人などを対象として，筆者が思うままに書き進めるパターンが支配的だったように思われます。

しかし法律をみんなのものにするためには，理解しようとする人なら誰でもわかる本を書いていかなければならないと思います。

失礼な表現かも知れませんが，**平均以上の高校生が理解できるように書き進めました**。高等学校の公民＝政治経済の授業で平均以上のやる気のある高校生に対して，黒板で説明していくつもりで書いていきました。

一人でも多くの方がこの本をきっかけに法律に親しみ，判断力を養い，法律を好きになっていただければ，望外の幸せであります。

自由国民社はできるだけわかりやすい法律の本を，安く提供することに努力を傾けてきた出版社です。自由国民社のこのシリーズが長く愛読されることを願ってやみません。

令和３年１月吉日

**尾崎哲夫**


**〈付記〉**

編集担当者として努力を惜しまれなかった自由国民社の竹内尚志編集局長に心から御礼を申し上げます。竹内氏の能力と情熱がなければこの本はできなかったことでしょう。

## この本の使い方

この本は刑法典のうち「第一編　総則」の内容に対応しています。刑法典の章立てとは必ずしも一致していませんが，第1時間目から第9時間目までが，基本的な刑法の犯罪論まで含めた総則の解説となっています。

そしてこの本の第0時間目は「序論」として，一番前に持ってきました。

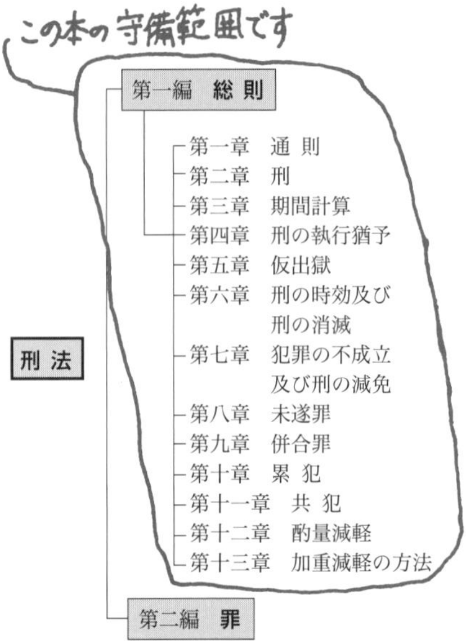


それぞれのページの中で出てくる法律の条文のうち，参照しながら読んでほしいものは，そのページか隣のページの下の方に，わかりやすい訳文にして載せてあります。

そして巻末には，刑法の条文をまとめて掲載しました。

**電車の中で，六法を参照できないときにも読めるように工夫**しました。

ふりがなもつけてありますので，なるべく条文になじむようにしてください。**なおこの本の内容は，令和2年12月末日までに公布された法改正にもとづいて書かれています。**

記憶すべきまとまったことがらについては，黒板の中に整理しました。

試験対策として使えるはずです。

試験対策でなくてもある程度の基本事項を記憶していくことは，さらに勉強を進めるにあたって，重要なことです。

覚えるほうがよいと思われる事項については，黒板のまとまりごとに記憶し，次のステップに対する準備としてください。

巻末に若干の付録をつけました。また，さくいんもつけてあります。それぞれご利用ください。

# 推薦できる法律関係の本

### ❖刑法に関する本

⑴『基本刑法Ⅰ・総論』,『基本刑法Ⅱ・各論』大塚裕史・十河太朗・塩谷毅・豊田兼彦　共著（日本評論社）

判例をベースに刑法の基本的な理解について解説してあり，初学者が刑法のイメージをつかみやすいものになっている。

⑵『入門刑法学・総論』『入門刑法学・各論』井田良著（有斐閣）

著者が行った入門講義の内容をまとめたもの。初学者が独習しやすいよう配慮されている。

⑶『刑法入門』山口厚著（岩波新書）

刑法とは何か，刑罰が課せられるのはなぜかという刑法の出発点となる問題について，最も著名な刑法学者の一人である著者が分かりやすく説明している。

⑷『刑法各論（法律学講座双書）』西田典之著，橋爪隆補訂（弘文堂）

各論について多数の判例を紹介しながら丁寧に解説されている。初学者はもちろん，中級者，上級者にも役立つ。

⑸『刑法判例百選Ⅰ・Ⅱ』佐伯仁志・橋爪隆編　別冊ジュリスト（有斐閣）

絞り込んだ重要な刑法判例について，一つずつ解説を加えてある。タイムリーな内容になるよう，数年に一度，改訂が行われている。

### ❖法律一般に関する本

⑴『模範六法』(三省堂)

⑵『戸籍のことならこの1冊』石原豊昭ほか著 (自由国民社)

戸籍の取り方，読み方から先祖の探索法まで，戸籍を最大限に活用するための知識を掲載している。

⑶『隣り近所の法律知識』竹原茂雄ほか著 (自由国民社)

近隣紛争を解決する法的手続きをQ&A形式で掲載している。

⑷『法律の抜け穴全集』(自由国民社)

楽しく読めて役に立つ，法の「裏ワザ」満載の本。

⑸『法と社会』碧海純一著 (中央公論社)

法と社会についてのわかりやすい解説書。

⑹『江戸の訴訟』高橋敏著 (岩波書店)

当時の訴訟状況が，具体的事例を通して興味深く書かれている。

⑺『日本人の法意識』川島武宜著 (岩波書店)

日本人の法意識に関する古典的名著。

⑻『コンパクト法律用語辞典』尾崎哲夫著 (自由国民社)

⑼『法律英語用語辞典』尾崎哲夫著 (自由国民社)

⑽『ドキュメント裁判官』読売新聞社会部著 (中公新書)

⑾『ドキュメント検察官』読売新聞社会部著 (中公新書)

⑿『ドキュメント弁護士』読売新聞社会部著 (中公新書)

## もくじ

本文デザイン――中山銀士　本文カット――高尾博子

# 0時間目
# 序論
# This is 刑法

▶六　法

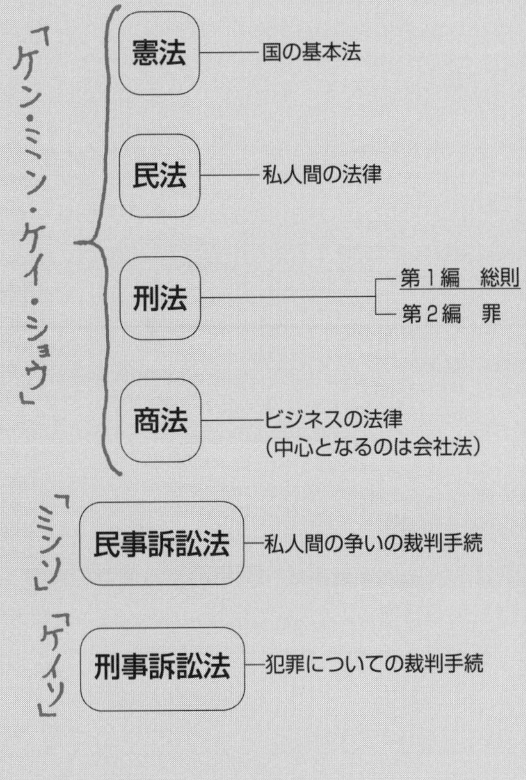

●1●
# はじめに

刑法というと泥棒や人殺しの法律のようですね。ちょっと怖いイメージがあったり，自分は犯罪者じゃないから関係ないという距離感があったりするかもしれません。一方，麻雀でお金をかけたら賭博《とばく》罪かな？　キセル乗車をしたら何罪かな？　というような身近な側面もあります。

**刑法は犯罪と刑罰に関する法です。罪と罰の法ですね。**

●2●
# 六法の中の刑法

刑法は刑事訴訟法と兄弟分で，六法の中の二つの法律を構成しています。

「六法」

| | |
|---|---|
| ①憲　法 | 法律の基本 |
| ②民法と民事訴訟法 | 民事法の兄弟 |
| ③刑法と刑事訴訟法 | 刑事法の兄弟 |
| ④商　法 | ビジネスの法律(会社法が中心) |

●3●
# 刑法の目的

**刑法の究極的な目的は，国民の生活利益の保護**です。

法律的利益すなわち法益を守ることを通して，国民生活の利益を擁護《ようご》するのです。

●4●
## 刑法の種類

刑法の種類は次のように分けることができます。

- 刑法
  - ①広い意味の刑法
  - ②刑事手続法　　刑事訴訟法など
  - ③行刑法　　監獄法・犯罪者予防更生法など

さらに，上の黒板の①は次のように区分できます。

- 広い意味の刑法
  - ①狭い意味の刑法　刑法典＝六法にある刑法
  - ②特別刑法　刑法典にもれている犯罪の補充<br>軽犯罪法・破壊活動防止法など
  - ③行政刑法　行政取締り目的の法律<br>道路交通法・公職選挙法など

**広い意味の刑法は，刑法総論《そうろん》と刑法各論《かくろん》に分けられます。**

大学の講義などでもこの２つに分けていますね。また，本屋さんに売っている刑法の本も，たいていこの２種類に分かれています。

**刑法総論というのは，犯罪と刑罰に共通な一般理論です。**

具体的には刑法典の第１編「総則」が中心です。

刑法８条には，他の法令に特別な規定が存在しない限りこの刑法典の第１編「総則」が適用される，と規定されています。

**刑法各論は，傷害・殺人・窃盗《せつとう》などの個々の犯罪の法律要件と法律効果を規定したものです。**それぞれの犯罪の定型的意味と法定刑との関係が書かれています。

刑法典第２編「罪」が中心です。

●5●
## 罪刑法定主義

罪刑法定主義《ざいけいほうていしゅぎ》を一言で言うと，どんな行為が犯罪で，どんな刑罰を科すかは，法律で定める，という考え方です。

フォイエルバッハは「法律なければ犯罪なし，法律なければ刑罰なし」と言っています。

この罪刑法定主義は，近代民主主義・自由主義思想の発展の中で，国家権力による刑罰権の身勝手な行使から，国民の権利と自由を守るために考えられた重要な原理です。

●6●
## 罪刑法定主義の歴史

まず，罪刑法定主義はマグナカルタ（1215年）39条に規定されました。

フランス人権宣言（1789年）8条にも規定されています。

わが国の憲法には，31条に法律の定める手続によらなければ刑罰を課せられないことが定められています。

さらに憲法39条には遡及《そきゅう》処罰禁止が規定されています。

遡及というのは 遡（さかのぼ）る ことです

わが国の現在の刑法には罪刑法定主義の規定はありません。

当然の原則とされているのです。

立法論としては 明文で 規定しておくべきでしょう

---

憲法31条：誰でも，法律の定める手続によらなければ，その生命／自由を奪われ，またはその他の刑罰を科せられない。

# 1時間目
# 刑法総論第1章
# 刑法とは何か

▶ここで学ぶこと

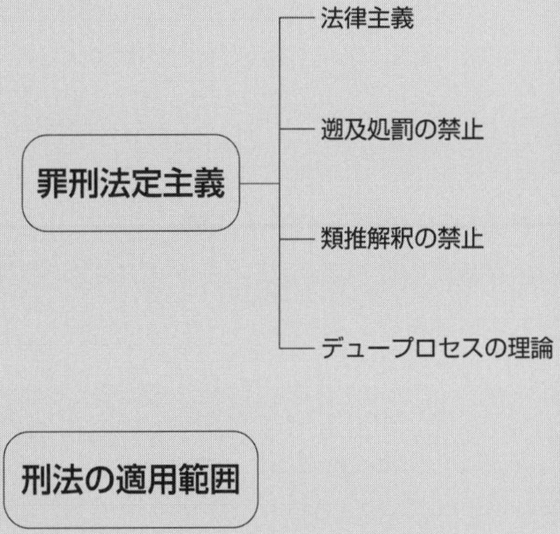

# ❶ ▶ 罪刑法定主義

●1●
## 罪刑法定主義の原理

罪刑法定主義《ざいけいほうていしゆぎ》の原理は，民主主義の原理と自由主義の原理に分けることができます。

民主主義の原理というのは，国民を代表する国会の法律によって罪と罰を定めるという法律主義です。

自由主義の原理というのは，具体的には遡及 処罰《そきゆうしよばつ》の禁止につながります。 事後法の禁止

その他，罪刑法定主義の原理として，類推解釈の禁止やデュープロセスの理論があります。黒板にまとめておきましょう。

**罪刑法定主義の原理**

| | |
|---|---|
| **①法律主義** | **民主主義的** |
| **②遡及処罰の禁止** | **自由主義的** |
| **③類推解釈の禁止** | |
| **④デュープロセスの理論** | |

以下，1つずつ説明していきます。

### ❖法律主義

法律主義というのは罪刑法定主義の民主主義的側面であって，犯罪と刑罰は国会の定める法律によって規定されなければならない，という原理です。 慣習刑法は原則として否定されます

法律主義の法律は国会制定法です。

これには3つの例外があります。

**国会制定法以外で犯罪・刑罰が定められる場合**

**①政令（内閣の命令）に罰則が制定される場合**

**憲法73条6号で法律の委任がある場合に認めています。**

**②地方公共団体の条例に罰則が制定される場合**

青少年条例や公安条例 など

**③刑罰は法律で規定し，処罰される行為の具体的決定のみを行政機関に委任する場合**

白地刑罰法規

### ❖遡及処罰の禁止

どんな事をしたら罰せられるか，こんな事なら罰せられることはない，その事がわかっていないと国民は安心して行動することができません。

ある行為をした時には適法だったのに，2年後にその行為を罰する法律が成立し，その後捕まって有罪になったりするのでは困ります。

これに似たことで，行為時には軽い犯罪だったのに，その後の法律（事後法《じごほう》）で重い犯罪にすることも許されないはずです。

このような考え方を遡及《そきゆう》処罰《しよばつ》の禁止，あるいは事後法の禁止の原則と呼んでいます。

なお，刑法6条は，犯罪後の法律によって刑の変更があったときは，その軽いものにする，と規定しています。

## ❖類推解釈の禁止

法律の類推解釈《るいすいかいしゃく》を許容すると，実質的に罪刑法定主義が否定されます。

類推解釈というのは，法律に規定がない事柄につき，その事柄に似た事柄に関する法律を適用することです。

類推解釈に近いものに拡張解釈《かくちょうかいしゃく》があります。

刑法 235 条は「他人の財物《ざいぶつ》を窃取《せっしゅ》した者は，窃盗《せっとう》の罪……」と定めています。

昔は電線を利用して電気を窃取した場合，電気を財物と考えるのは拡張解釈でした（今は，刑法 245 条によって電気は財物とみなされています）。

しかし，どこかの会社の情報を盗んだ場合，その情報を財物と考えるのは類推解釈でしょう。ですから情報を盗んだ人を窃盗犯として罰するべきではありません。

## ❖デュープロセス

デュープロセスを日本語に訳すと「適正な手続」です。

これはアメリカで発展してきた考え方です。

刑法の内容そのものの適正や犯罪と刑罰のバランスを内容としています。

due process

6 条：犯罪後の法律によって刑の変更があったときは，その軽いものによる。

## ❷ ► 刑法の適用範囲

日本の刑法は，どこで行われた行為に適用されるのでしょうか。日本人がカナダでカナダ人を殺害した場合，殺人罪になるのでしょうか。フランス人が太平洋のど真ん中を航海している日本の客船の中で窃盗をした場合は，どうでしょうか。

日本の刑法は属地主義《ぞくちしゅぎ》を原則としています。その他，属人主《ぞくじんしゅ》義《ぎ》・保護主義・世界主義があります。

属地主義とは，どの国の人が犯そうと，日本国内で犯罪が行われる限り，日本の刑罰を適用するという考え方です。誰がやっても日本国内なら日本の刑法を適用するのです。日本の刑法でも１条でこの事を規定しています。さらに１条２項では，日本の船や航空機が国外にある場合でも，その船や飛行機の中は日本国内と同じだ，と考え，そこで犯罪が行われた場合には，日本の刑法が適用される，としています。

属人主義とは，犯罪がどこで行われても，犯罪者が日本人なら必ず日本の刑法を適用するというものです。国民は国外にあっても自分の国の法律を守るべきだ，という考え方です。

保護主義とは，誰がどこで犯罪を犯そうと必ず日本の刑法を適用する，というものです。内乱罪や通貨偽造罪，また日本人に対する重大な犯罪（殺人など）の場合がこれに当たります。これらの犯罪については，自国の法益を保護するため，誰がどこで犯そうと犯罪を取り締まるという考え方なのです。

場所や犯人の国籍を問わないのです

世界主義とは，誰がどこで犯そうと，日本の利益を侵害しようと外国の利益を侵害しようと問わず，日本の刑法を適用するという考え方です。 ハイジャックなど

## キオークコーナー 1時間目

### [用語チェック]

| | |
|---|---|
| □ 監獄法や犯罪者予防更生法は〔①〕と呼ばれます。 | ①行刑法 |
| □ フォイエルバッハは「法律なければ犯罪なし，法律なければ刑罰なし」といっていますが，この考え方を一口でいうと〔②〕です。 | ②罪刑法定主義 |
| □ 〔②〕は1215年の〔③〕に規定されました。 | ③マグナカルタ |
| □ 日本国憲法の〔④〕には，法律の定める手続によらなければ刑罰を科せられないと定められています。 | ④31条 |
| □ 罪刑法定主義の原理を4つに分類すると〔⑤〕，〔⑥〕〔⑦〕，〔⑧〕となります。 | ⑤～⑧法律主義，遡及処罰の禁止，類推解釈の禁止，デュープロセス |
| □ デュープロセスを日本語に訳すと〔⑨〕です。 | ⑨適正な手続 |
| □ 刑法がどの場所で行われた行為に対して適用されるかについて，日本の刑法は〔⑩〕を原則としています。 | ⑩属地主義 |
| □ 〔⑪〕というのは，犯罪がどこで行われても犯罪者がその国の人間なら刑法を適用するという考え方です。 | ⑪属人主義 |
| □ 〔⑫〕というのは誰がどこで犯罪を犯そうと，自国の法益を守るためにその国の刑法を適用しようというものです。 | ⑫保護主義 |

# 2時間目
# 刑法総論第2章
# 犯罪論

▶ここで学ぶこと

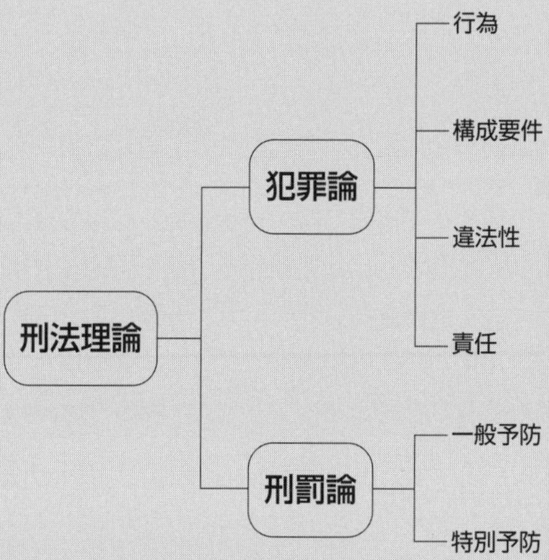

●1●
# 刑法理論とは

刑法理論というと，私の学生時代にはまず，**古典学派《こてんがくは》と近代《きんだい》学派《がくは》の2大学派の対立**を学びました。

そして構成要件《こうせいようけん》・違法性《いほうせい》・責任《せきにん》という3段階理論のようなものが印象に残っています。

まず古典学派と近代学派の考え方の根本的な差を眺めましょう。

## ❖古典学派の考え方

古典学派は，**自由な意思を持った合理的な人間を基本**に考えています。

そして刑事責任の基礎を**客観的な犯人の現実の行為**に求めます。

この意味で**客観主義・現実主義・行為主義**と呼ばれます。

そして基本的には罪刑法定主義を重視します。刑罰は犯罪行為に対する**道義的責任**であり，**応報《おうほう》**であると考えます。そして犯罪行為に対する刑罰を予告することによって一般社会人に警告を発し，犯罪を予防します。一般予防主義と呼びます

## ❖近代学派の考え方

近代学派は，**人間は素質と環境によって決定づけられた存在**と考えます（決定論）。刑罰の対象は，行為ではなく社会的危険性を持つ**行為者＝犯人**と考えます。行為は，社会的危険性を持つ行為者の徴表《ちょうひょう》だと考えます。つまり，行為者の社会的危険性が外部に流れ出たものだというわけです。**徴表主義・主観主義・行為者主義**と呼ばれます。刑罰は社会をこのような犯人から**防衛**するために隔離し，社会的危険性をなくすように**教育**

するものだと考えます。**目的刑論・教育刑論**と呼ばれます。具体的な個々の犯人を隔離し改善しようとすることから，特別予防主義と呼ばれます。社会的危険性を持つ者を隔離したり教育したりして犯罪の予防をするのです。

特別予防主義の「特別」は『個々の』という意味です。

なお，両派の立場は次のように言うことも可能です。

**古典学派と近代学派**

**①古典学派　犯罪があるから罰せられる**

**②近代学派　犯罪を犯さないために罰せられる**

もう少しやさしく言い直してみましょう。

**①古典学派の一般予防　みんなが犯罪に手を出さないようにしよう**

**②近代学派の特別予防　罪を犯した人も立ち直れるようにしよう**

現在では「犯罪があるゆえに，そして犯罪を犯さないために罰せられる」という考え方が通説になっています。

両説をとり入れていますね

●2●
## 犯罪理論の沿革

18世紀になって啓蒙《けいもう》時代を迎え，市民生活の向上と共に自由主義思想が普及しました。刑法理論としては，イタリアのベッカリーアが「犯罪と刑罰」を出版しました。刑罰権は社会契約の範囲内で，犯罪の予防と社会一般人への警告であると説かれました。そして罪刑法定主義の旗を掲げたのです。

1810年にはナポレオン刑法典と呼ばれる現在のフランス刑法典が制定されました。罪刑法定主義の旗を守り，道義的責任の考え方を示しています。

### ❖古典学派を2つに分けると…

古典学派＝旧派も2つに分けて考えることができます。罪刑法定主義と客観的行為に現実的意味を認めるという点では共通です。

**①古典学派**

**⑴前期古典学派　19世紀初め　啓蒙主義思想**

**⑵後期古典学派　19世紀半ばから20世紀**

近代学派との学派の争いの中で展開された考え方

**②近代学派**

### ❖前期古典学派

フォイエルバッハは自由平等思想を刑法に応用しました。

犯罪に対する刑罰を予告することによって一般人が犯罪をしないようにする心理的強制を重視しました。刑罰を受けるくらいなら犯罪を思いとどまるほうがいい，と一般人に考えさせる一般予防主義を主張しました。

犯罪とこれに対する刑罰の予告としての罪刑法定主義を強調したのです。

心理強制説と呼んだりします

### ❖後期古典学派

19 世紀後半以降，ロマン主義の影響を受けた後期古典学派は，近代学派と対決しながら展開されていきました。

人間の自由意思を前提とし，自由な意思によって反道徳的な行為をした者に道義的責任を問い，それに対する応報としての刑罰を考えました。

この応報刑論《おうほうけいろん》は国家の刑罰権を基礎づけるという意味で，やや国家主義的な側面を持つようになりました。

### ❖近代学派

19 世紀後半以降，資本主義の発展の中で，貧困・失業が増加し，累犯《るいはん》と少年犯罪が増えました。自然科学の発展の中で犯罪の生物学的要因を重視するイタリアのロンブローゾやフェリーが活躍しました。また社会的原因を重視するドイツのリストなども登場しました。

ドイツのリストは「罰せられるべきものは行為ではなくて行為者である」と主張し主観主義を唱えました。刑罰の目的を教育と社会防衛に求め，特別予防主義を唱えました。

●3●
## 学派の争い

ドイツでは目的刑論をとる近代学派と，応報刑論をとる古典学派との間で学派争いが展開されました。学派の争いを黒板にまとめてみましょう。

**学派の争い――まとめ**

**①古典学派**　自由意思を持つ理性的人間を前提
現実に行われた客観的な行為を対象とする
犯人の犯罪意思や犯罪行為に対する道義的非難
行為責任論・道義的責任論・意思責任論
犯罪行為に対する応報刑　応報刑論
一般人に警告を与え将来の犯罪を防止
一般予防主義

**②近代学派**　人間の自由意思を否定する
人間の行為は環境と素質のもたらすもの
社会的危険性を持つ行為者＝犯人を罰する
行為者主義・主観主義
犯人の反社会的性格を責任の対象とする
社会的責任論・性格責任論
刑罰は犯人の教育を目的とする
目的刑論・教育刑論
犯人を改善することによって犯罪を予防する
特別予防主義

やがて両派は歩み寄りの傾向を見せ，その後の各国の刑法典は，古典学派の刑法理論を基礎にしながら，近代学派の主張をかなり取り入れるようになっていきました。

人間は完全な自由意思を持つ理性的な動物とは言い切れません。また，素質と環境に決定される宿命的動物でもありません。素質や環境に制限を受けながらも主体性を持って生きていく動物のはずです。刑罰を予告し，予告した範囲で罰する罪刑法定主義は刑法の要石《かなめいし》です。

●4●
## 日本の刑法の沿革

大化の改新後，中国法の影響の下，大宝律《たいほうりつ》・養老律《ようろうりつ》が制定されました。

鎌倉時代には北条《ほうじよう》泰時《やすとき》が，当時の慣習法をまとめた御成敗式《ごせいばいしき》目《もく》（1232年）を制定しました。徳川時代に，徳川吉宗《よしむね》が御定《おさだめ》書《がき》百箇条＝公事方《くじかた》御定書《おさだめがき》下巻を制定しました。

「名月の出づるや五十一ヶ条」という句があります

明治になってフランスの法律学者ボワソナードが刑法理論をもたらしました。その後，ドイツ刑法の刑法学の影響のもとに明治40年刑法が制定されました。

戦後，人権重視の立場から修正が加えられました。昭和49年に「改正刑法草案」が公表されました。この「改正刑法草案」は，刑法は社会倫理的機能を持つべきであるとし，**犯罪の社会倫理規範違反を重視します。責任の本質は道義的非難可能性《ひなんかのうせい》であり，刑罰は道義的応報であると考えます。このような考え方は行為無価値《こういむかち》と呼ばれています。**

一方，これに対立する立場は，**刑法の法益保護機能を重視し，犯罪の本質を法益の侵害・危険**であると考えます。責任の本質は社会的非難可能性と考えます。この考え方は，**人権尊重の見**

地から行為責任によって国家の刑罰権の限界を強調します。この考え方は結果無価値《けつかむかち》と呼ばれています。

**行為無価値と結果無価値**
**①行為無価値　犯罪を社会倫理的違反と考える**
**②結果無価値　犯罪を法益の侵害・危険と考える**

●5●
## 犯罪論の基本

私が学生だった時には,「犯罪とは, **構成要件《こうせいようけん》**に該当する**違《い》法《ほう》**かつ**有責《ゆうせき》**の行為」と習いました。イチ・ニ・サンの三段跳びのように覚えたものです。

構成要件というのは, 刑法に書かれている犯罪の定型・パターンです。

違法性というのは法益侵害《ほうえきしんがい》があることです。

責任があるというのは, 行為者に故意《こい》や過失《かしつ》があり, 非難される理由があることです。

現在, 犯罪論の構成方法は, 次のような考え方に分かれています。

**犯罪論の構成方法**
**①構成要件該当性・違法性・責任の３つと考えるもの**
**②行為・構成要件該当性・違法性・責任の４つと考えるもの**
**③行為・不法・責任の３つと考えるもの**

このように学説が分かれるのは，行為という概念を持ち込むか否か，構成要件該当性と違法性との関係を別のものと見るか一体と考えるか，の違いです。

この本は初心者のために刑法総論のイロハを伝えるものですから，学説の対立のジャングルには入りこみません。できるだけ通説的な考え方・わかりやすく思考経済に合う考え方に従います。上の黒板の②や③のように行為を犯罪論の頭に据える必要があるでしょうか。

人間にとって支《し》配《はい》可《か》能性《のうせい》のある行為は，構成要件該当性を検討する際に考えればすむと考えられます。

支配可能性のある行為というのは自分でコントロールできる行為のことです。発作や睡眠中の動作は自分でコントロールできませんね。

**基本的には形式的評価である構成要件該当性を実質的評価である違法性と区別する必要があります。**構成要件該当性の判断は，事実判断が中心です。違法性の判断はさらに実質的・価値的なものです。

ですから，構成要件と違法性を別個のものと考える必要があります。

結局，上の黒板の①が，最も理解しやすい考え方です。

犯罪とは，構成要件に該当する違法かつ有責のものなのです。

**「犯罪＝構成要件に該当し，違法かつ有責の行為」**

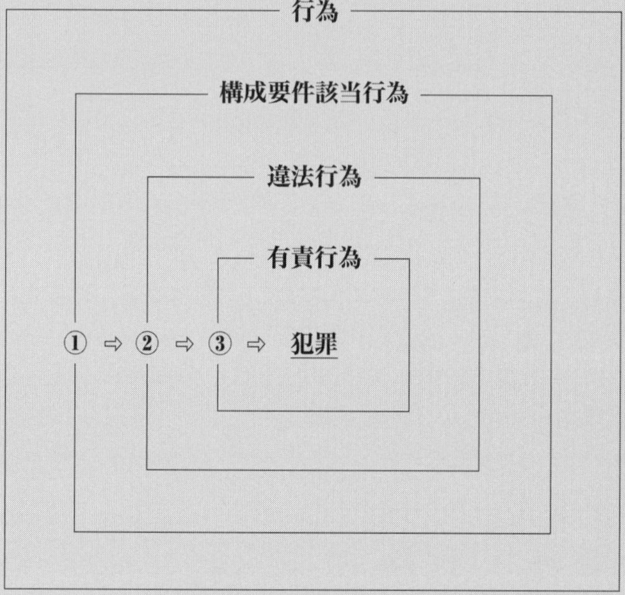


**①構成要件に該当するか**

⇩　　条文に書いてある行為にあたるか

**②違法性阻《そ》却《きやく》事《じ》由《ゆう》はないか**

⇩　　正当防衛 など

**③責任阻却事由はないか**

期待可能性がなかったか など

**[用語チェック]**

| | |
|---|---|
| | □　刑法理論は大きくわけて古典学派と近代学派に分かれます。 |
| ①自由<br>②合理的 | 古典学派は〔①〕な意思をもった〔②〕な人間を基本に考えます。 |
| ③道義<br>④応報 | □　刑罰は犯罪に対する〔③〕的責任であり〔④〕であると考えます。 |
| ⑤一般予防主義 | □　犯罪行為に対する刑罰を予告することによって社会人に警告を発し，犯罪を予防する考え方を〔⑤〕といいます。 |
| ⑥⑦素質，環境 | □　近代学派は，人間は〔⑥〕と〔⑦〕によって決定づけられている存在だと考えます。 |
| ⑧特別予防主義 | □　刑罰は犯人を隔離し教育し改善するためのものだと考えられます。〔⑤〕に対して〔⑧〕とよばれます。 |
| ⑨ベッカリーア | □　イタリアの〔⑨〕が「犯罪と刑罰」を出版しました。<br>その後フォイエルバッハは自由平等思想を刑法に応用しました。 |
| ⑩⑪ロンブローゾ，フェリー<br>⑫リスト | □　近代学派の中で犯罪の生物学的要因を重視するイタリアの〔⑩〕〔⑪〕が活躍しました。社会的原因を重視するドイツの〔⑫〕も登場しました。<br>日本の刑法の沿革をみてみましょう。 |
| ⑬御成敗式目《ごせいばいしきもく》 | 鎌倉時代に，北条泰時が〔⑬〕を制定しました。 |
| ⑭徳川吉宗 | □　江戸時代には〔⑭〕が公事方《くじかた》御定書《おさだめがき》を制定しました。 |

□　犯罪の本質を社会倫理違反と考える考え方を〔⑮〕と呼び，法益の侵害・危険と考える考え方を〔⑯〕といいます。

⑮行為無価値
⑯結果無価値

# 3時間目
# 刑法総論第3章
# 構成要件

▶ここで学ぶこと

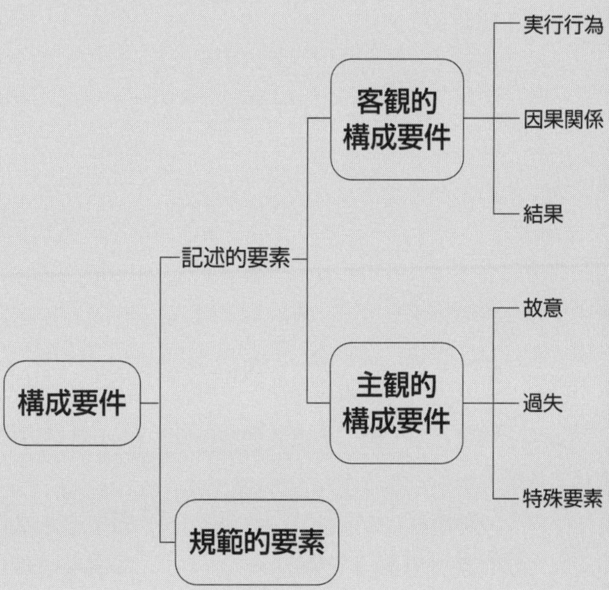

# ❶ ▸ 構成要件とは何か

**構成要件《こうせいようけん》というのは，犯罪のカタログです。刑法に書かれている犯罪の定型・パターンです。**刑法が禁じた行為の定型・パターンです。例えば殺人罪＝199 条の構成要件は「人を殺す」です。構成要件理論はベーリングによって唱えられました。

構成要件は人々に「このようなパターンの行為は原則として違法ですよ」と予告する機能を持ちます。

逆に言うと，構成要件に該当しない行為はどんなに違法《いほう》で有《ゆう》責《せき》な行為でも犯罪にはなりません。どんなに悪い行為でも処罰されることはありません。

構成要件概念は，罪刑法定主義《ざいけいほうていしゅぎ》の基本になっているのです。これを構成要件の罪刑法定主義的機能と呼びます。また構成要件には殺人罪と傷害致死を区別するように，犯罪を区別する犯罪個別化機能があります。

「構成要件に該当する」というのは犯罪が成立するための形式的要件に当てはまることです。構成要件に該当することが犯罪成立のための第 1 歩なのです。

構成要件は，従来，客観的・形式的・抽象的に考えられてきました。しかし最近では構成要件を実質的に考えるようになっています。すなわち規範的構成要件要素や主観的構成要件要素を認めるようになってきたのです。

わいせつ罪の「わいせつ」のように
裁判所の判断が必要なもの

目的犯における目的
故意・過失など

199 条：人を殺した者は，死刑／無期／5 年以上の懲役。

# ❷►構成要件の要素

構成要件の要素は，客観的構成要件要素と主観的構成要件要素に分けられます。

●1●
## 客観的構成要件要素

もともと構成要件は客観的なものだと考えられてきました。主観的構成要件要素を認めるのは，比較的最近のことなのです。客観的構成要件要素には，実行行為《じっこうこうい》・構成要件的結果《こうせいようけんてきけっか》・因果関《いんがかん》係《けい》・行為の主体《しゅたい》・行為の客体《きゃくたい》があります。

### ❖実行行為

**実行行為は，構成要件に該当する行為です。**構成要件の最も大切な要素です。

作為犯《さくいはん》は作為の形式をとる実行行為であり，不作為犯《ふさくいはん》は不作為の形式をとる実行行為です。

不作為犯は4時間目で勉強します

また実行行為を行う者を正犯《せいはん》，実行行為以外の行為で正犯を助けるのは共犯《きょうはん》，と区別する考え方もあります。

### ❖構成要件的結果

**構成要件的結果は，法益侵害と法益侵害の危険の発生**です。

**構成要件の要素**

- 構成要件
  - 客観的構成要件　行為⇨因果関係⇨結果
  - 主観的構成要件
    - 故意
    - 過失
    - 特殊要素
      - 目的犯の目的
      - 傾向犯の傾向
      - 表現犯の心理的過程

P.34の一番下も参照してください

### ❖行為の主体

**実行行為を行う者を行為の主体**と言います。犯罪の主体とも言います。

法律上は「人」に，自然人のほか法人も含まれます。しかし，法人が行為の主体となり得るかどうかについては問題があります。法人はその法人に属する人間の行為によって動かされています。法人に刑罰を科すことは，法人を動かす人を間接的にコントロールすることができることになります。公害企業などの場合，その企業そのものが責任非難の対象です。

法人の犯罪能力を肯定すべきでしょう。

肯定説が通説になりつつあります。

## ❖行為の客体

**実行行為の対象となる人や物を行為の客体**と言います。殺人罪における人や，窃盗罪における他人の財物などですね。

行為の客体と保《ほ》護《ご》法益《ほうえき》は同じではありません。保護法益はあくまでも刑法が保護しようとする生活利益です。

殺人罪の場合は行為の客体も保護法益も人間です。

公《こう》務《む》執行妨害《しっこうぼうがい》の場合は行為の客体は公務員ですが，保護法益は公務の適正な執行です。

## ❖因果関係

**因果関係とは，実行行為と構成要件的結果の間の原因―結果の関係**です。要するに，行為と結果の間の条件関係です。

実行行為と結果の間に因果関係が認められない場合は，未遂を処罰する場合であれば未遂犯が成立するかしないかの問題となります。

条件関係は「あれなければ，これなし」という条件関係公式で判断されます。言い換えれば，「あの行為がなければ，その結果が発生しなかった」という関係です。発生した結果の責任を実行行為者に負わせるためには，行為と結果の間の条件関係を立証しなければなりません。因果関係は刑法のひとつのポイントになっており，因果関係論と呼ばれるくらいです。

因果関係論には次のようなものがあります。

**因果関係をめぐる諸説**
**①条件説　客観的条件関係があれば因果関係を認める**
**②原因説**
**③主観的相当因果関係説**
**④折衷的相当因果関係説**
**⑤客観的相当因果関係説**

それぞれについて説明します。

**①条件説**

以前はこの条件説が通説でした。

判例は，この条件説を基本にしていましたが，最近は後述する客観的相当因果関係説に近くなっているとも考えられます。

その行為がなければ，その結果は生じなかった，という条件関係があれば，常に因果関係を認める説です。

条件説を徹底すると，母親が暴力団太氏を産んだ⇨団太氏が山田さんに発砲した⇨山田さんに当たった⇨軽傷であったが医者が治療を間違えて死んだ，というような場合も，母親による暴力団太氏の出産と山田氏死亡との間に因果関係を認めることになります。

母親も悪いことになります

条件説を徹底した場合の異常な結論を避けるために，因果関係の流れの中に第三者の故意行為や異常事態が発生した場合には因果関係が中断する，という説もあります。この説の場合，何が中断事由《じゆう》になるのかが不明確です。

中断説

### ②原因説

原因説というのは，条件関係が複数ある場合，何らかの基準で原因と単なる条件関係とを区別し，原因だけを因果関係存在の判断基準にするものです。

この説の場合，原因と単なる条件関係の区別基準が不明確です。

### ③〜⑤相当因果関係説

この相当因果関係説は，条件説をベースに，一般的に考えて，その行為があればその結果が発生するのが通常だと言える範囲内に限定して，因果関係ありと考えるものです。

相当性というのは，その行為とその結果が発生することが一般的である・相当であるということです。

相当性の判断基準によって，次の３つの説に分かれます。

主観的相当因果関係説は，その行為をしたときに，行為者が認識していた事情と認識しえた事情を相当性の判断の基準にするものです。

折衷《せっちゅう》的相当因果関係説というのは，行為の時，一般人が認識しえた事情と一般人は認識しえないが，行為者がたまたま特に認識していた事情を相当性の判断の基準にします。

客観的相当因果関係説というのは，裁判の時から振り返って行為の時の全ての客観的事情と行為後に生じた予見《よけん》可能な事情を相当性の判断基準とします。

例えば脳に重い疾患があった人の頭をたたいて死亡させた場合
行為者が疾患があったことを知らなければ
主観的〜説では因果関係否定（行為者が知り得たら肯定）
折衷的〜説では否定（一般人が知り得たら肯定）
客観的〜説では肯定，など

●2●

## 主観的構成要件要素

主観的構成要件要素というのは，構成要件的故意や構成要件的過失といった人の主観的要素です。

例えば，殺人罪と過失致死罪とが区別されるのは，人を殺す行為が故意による場合と過失による場合とです。

そして殺人罪の構成要件は「人を殺した者」になっており，過失致死罪の構成要件は「過失により人を死亡させた者」となっています。殺人罪の構成要件に「故意」という言葉が省略されているのは，刑法が故意犯を原則としているからです。そう考えると故意と過失が主観的構成要素であることがわかります。

**主観的構成要件要素**

**①構成要件的故意**

**②構成要件的過失**

**③特殊要素**
- **(1)目的犯《もくてきはん》における目的**
  **偽造罪における行使の目的など**
- **(2)傾向犯《けいこうはん》における内心の傾向**
  **強制わいせつ罪における行為者のわいせつ傾向など**
- **(3)表現犯《ひようげんはん》における心理的過程**
  **偽証罪において虚偽の陳述かどうかを判断するには，内心の記憶と陳述を比較しなければならない**

P.34の一番下を参照

⑴目的犯については，例えば小学校の教材にするために本物そっくりの一万円札を作ったとしても，「行使の目的」を欠くために通貨偽造罪の構成要件に該当しないのです。

⑵の傾向犯については，強制わいせつ罪の保護法益が被害者の性的自由なので，この法益を侵害する客観的行為があれば，内心の傾向に関らず強制わいせつ罪が成立するべきだと考えられます。このような特殊要素が必要かどうか疑問です。

判例はこのような主観的要素を必要としています。つまり，強制わいせつ罪の成立には，行為者の性欲の刺激・興奮・満足のためにすることが必要で，報復や虐待のためでしかない場合は，本罪は成立しないことになります（もっとも，強要罪が成立します）。

●3●
## 規範的構成要件要素

文化的価値判断・規範《きはん》的価値判断で判断する構成要件要素を規範的構成要件要素と言います。

公然わいせつ罪の「わいせつ」が何を意味するかは，文化的価値判断によります。目で見てわかるような事実的判断ではありません。

賄賂罪《わいろざい》の賄賂も文化的・規範的価値判断によります。

どうしても裁判官の価値判断を必要とする要素です。

# キオークコーナー3時間目

## [用語チェック]

| | |
|---|---|
| □〔①〕は犯罪のカタログです。 | ①構成要件 |
| □〔①〕理論は〔②〕によって唱えられました。 | ②ベーリング |
| □　構成要件に該当する行為を〔③〕といいます。 | ③実行行為 |
| □　故意や過失は〔④〕です。 | ④主観的構成要件要素 |
| □　因果関係に関しては条件説，原因説，主観的相当因果関係説，〔⑤〕，〔⑥〕などがあります。 | ⑤⑥折衷的相当因果関係説，客観的相当因果関係説 |
| □　主観的構成要件要素の特殊要素としては〔⑦〕，〔⑧〕，〔⑨〕があります。 | ⑦～⑨目的犯の目的，傾向犯の内心の傾向，表現犯の心理的過程 |
| □　行為の客体は，〔⑩〕と必ずしも同じではありません。例えば，公務執行妨害の行為の客体は公務員ですが，〔⑩〕は公務の適正な執行です。 | ⑩保護法益 |

# 4時間目
# 刑法総論第4章
# 不作為

▶ここで学ぶこと

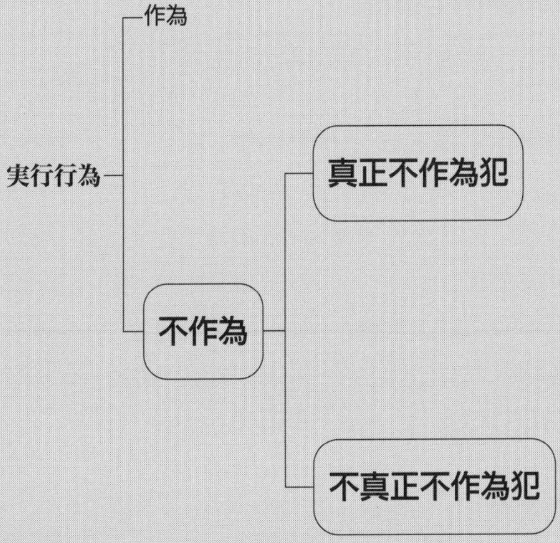

●1●
## 不作為犯とは何か

刑法に，「何々するな」と書いてあるのに「何々する」場合が作為犯《さくいはん》です。

刑法に，「何々せよ」と書いてあるのに「何々しない」場合と，「何々するな」と書いてあるのに何もしないでその結果を実現するのが不作為犯《ふさくいはん》です。

作為犯は作為によってなされる犯罪であり，不作為犯は不作為によって犯される犯罪です。

●2●
## 2つの不作為犯

刑法130条前段は住居侵入罪です。

「人の住居…に侵入し」と書いてあります。

私がひとめぼれした女性の家に侵入したら住居侵入罪ですね。

後段は「(出ていけと) 要求を受けたにもかかわらず…退去しなかった者は」と書いてあります。

私が好きになった人の家を訪問し客間に入ることができました。プロポーズを断られたのでわめきだし，「帰ってください」と言われたのに帰ろうとしません。この場合は不退去罪《ふたいきょざい》ですね。

前段は作為犯，後段は不作為犯です。

住居などから退去せよという命令に違反した不作為犯を真正《しんせい》不作為犯《ふさくいはん》といいます。

お母さんが赤ちゃんにお乳をあげないで「人を殺すな」という禁止に違反した場合は不真正不作為犯《ふしんせいふさくいはん》です。

退去せよという命令に違反した場合が真正不作為犯，殺すなという禁止に違反した場合が不真正不作為犯です。命令違反が真正不作為犯，禁止違反が不真正不作為犯です。

●3●
## 不真正不作為犯

不真正不作為犯が成立するには，次の成立条件が必要です。

**不真正不作為犯が成立する条件**
**①行為者に作為義務があること**
**②行為者に作為可能性があること**
**③その不作為が作為と同等の違法性をもっていること**

作為義務が生ずるのは，親や先行行為による場合などがあります。
これを保証人的地位と呼んだりもします。 構成要件の要素です。

つまり，お母さんは母親として赤ちゃんを保護する義務があり，母乳か粉ミルクでお乳をあげる義務と可能性があるのです。

不真正不作為犯は，作為犯を予定する禁止規範に命令規範違反である不作為犯を含ませようとするので罪刑法定主義に反するように見えます。

しかし，禁止も命令もともに法益保護の目的に向けられた規範であり同一構成要件に含まれると考えられるので，罪刑法定主義違反にはなりません（通説）。

130条：正当な理由がないのに，人の住居／人の看守する邸宅／建造物／艦船に侵入し，または要求を受けたにもかかわらずこれらの場所から退去しなかった者は，3年以下の懲役／10万円以下の罰金。

## キオークコーナー4時間目

### [用語チェック]

| | |
|---|---|
| □ 〔①〕に違反した場合が真正不作為犯，殺すなという禁止に違反した場合が〔②〕です。 | ①命令<br>②不真正不作為犯 |
| □ 不真正不作為犯が成立するには，行為者に〔③〕と〔④〕があることが必要です。 | ③④作為義務，作為可能性 |

# 5時間目
# 刑法総論第5章
# 違法性

▶ここで学ぶこと

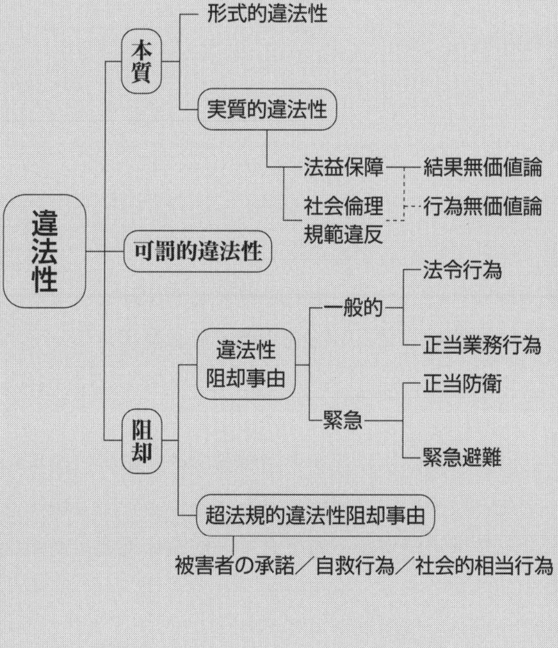

# ❶ ▶ 違法性とは何か

●1●
## 違法性とは

**構成要件に該当する行為は原則として違法です。**

構成要件を違法類型として考える限り，そのような結論になります。構成要件に該当する行為は原則として違法ですが，特別の場合には，違法性が消えます。この特別な事柄を違《い》法《ほう》性《せい》阻《そ》却《きやく》事《じ》由《ゆう》と呼びます。

### ❖実質的違法性論

違法性の実質については，次の２つの考え方に分かれています。

**違法性の実質をめぐる２説**

| | |
|---|---|
| ①法益侵害説 | 法益の侵害(の危険) |
| ②社会倫理違反説 | 社会倫理・道徳違反 |

**法益侵害説は法益侵害と法益侵害の危険性に着目します。**

刑法の役割を法益保護に置き，あくまでも法益に違反する行為のみを刑法の対象と考えます。法益の侵害・危険は客観化しやすい内容であり，違法性論を安定させ，ひいては罪刑法定主義につながる側面を持っています。

人権重視的・自由主義的ですね

**社会倫理違反説は社会倫理違反・社会的道徳違反を問題にします。**この説は社会倫理や道徳の維持を強調します。法益侵害以外の行為者の意図・動機などを評価することができるとされています。

しかし，倫理や道徳の客観化が困難であるため，裁判官の主観的判断が入ってくるおそれがあります。

つまり，違法性と倫理違反との混同があります。

### ❖客観的違法性論と主観的違法性論

主観的違法性論とは，命令である法規範に従った態度をとれたのにとらずに違反した行為を違法と考えます。命令は，その内容を理解し，自己をコントロールできる者に対してのみ意味をもつので，責任能力者だけが対象となります。結局，違法と責任の区別が否定されます。

客観的違法性論は，刑法の客観的評価規範としての機能を認めます。そして違法性と責任を区別します。責任無能力者には責任はありませんが，その行為には違法性をまず認めるべきです。

### ❖行為無価値論と結果無価値論

先に説明した**法益侵害説は，結果無価値論とつながります。**

**社会倫理違反説は行為無価値論につながります。**

まず，無価値《むかち》という言葉から説明します。

**無価値というのは，「不当なこと」と覚えて下さい。**

平たく言うと，結果無価値論は，法益が侵害される結果を重視するのです。法益侵害と法益侵害の危険性を重視するのです。一般的には，罪刑法定主義を重視し刑罰権の発動を控えようとする立場と言えるでしょう。

故意については，構成要件要素と責任要素を認め，違法要素とは考えません。

構成要件要素の故意は構成要件的故意でしたね。

行為無価値論は，法益侵害とその危険性のみならず，行為の反倫理性も考慮しなければならないと考えます。

結果だけでなく，行為そのものの反倫理性も考慮するのです。

二元論といいます。

純粋な行為無価値論は今はありません。

行為無価値論は違法要素としての故意を認めます。

結果無価値論に比べて，罪刑法定主義の実質的空洞化の危険が否定できません。

●2●

## 可罰的違法性

**可罰的違法性というのは，違法性の程度が国が罰することが可能なほどの程度になっている**，ということです。

平たく言うと，いくら違法な行為でも，軽すぎる場合には，国が刑罰を与える程のことはない，ということです。

むしろ違法性が軽すぎる場合には，刑罰を与えないほうがよいともいえます。

可罰的違法性が問題になるのは，法益侵害の程度が軽い場合と違法性が相当阻却される場合です。

例えば，ティッシュペーパー1枚を窃取《せつしゅ》しても可罰的違法性が存在せず，窃盗罪の犯罪成立が否定されます。

# ❷ ▶ 違法性阻却事由

## ●1● 違法性阻却事由とは

**構成要件に該当する行為は原則として違法ですが，特別な事情がある場合は，適法になります。このような事情を違《い》法《ほう》性《せい》阻《そ》却《きゃく》事《じ》由《ゆう》と呼んでいます。**　正当化事由とも呼びます

違法性阻却事由は，**緊急行為と一般的正当行為**に分けられます。

また，法律に規定がある法定的違法性阻却事由と超法規的違法性阻却事由にも分けられます。

これを表に示すと黒板のようになります。

**違法性阻却事由の分類(その 1)**

| | |
|---|---|
| ①法定的な緊急違法性阻却事由 | 正当防衛・緊急避難 |
| ②法定的な一般的違法性阻却事由 | 法令行為・正当業務行為 |
| ③超法規的な緊急違法性阻却事由 | 自救行為 |
| ④超法規的な一般的違法性阻却事由 | 社会的相当行為・被害者の承諾 |

もともと「緊急は法を持たない」と格言されているくらいです。

**違法性阻却事由の分類(その2)**

| | 法定的違法性阻却事由 | 超法規的違法性阻却事由 |
|---|---|---|
| 一般的違法性阻却事由 | 法令行為<br>正当業務行為 | 被害者の承諾ある行為<br>社会的相当行為 |
| 緊急違法性阻却事由 | 正当防衛<br>緊急避難 | 自救行為 |

●2●
## 正当防衛

**正当防衛とは「急《きゆう》迫《はく》不《ふ》正《せい》の侵害に対し，自己・他人の権利を守るために，やむを得ずした反撃行為」**のことです。

ひとつずつ押さえていきましょう。

まず「急迫」を説明しましょう。

急迫というのは法益侵害が時間的に切迫していることをいいます。ですから，正当防衛は，法益侵害終了後には認められないのです。侵害終了後に侵害された法益をとりもどす行為は，自救行為の問題なのです。

次に「不正の侵害」の説明をしましょう。

不正の侵害は違法なものであれば足り，有責性は不要です。

また刑法の構成要件に該当する行為でなくてもいいのです。民事上の不法行為に対しても正当防衛は成立するのです。また，正当な利益に対する実害だけでなく，その危険でも足ります。

条文上の中に「防衛するため」ということばがあります。このことばについて，正当防衛が成立する場合，「防衛の意思」を必要とするかどうか争われています。判例は，防衛に名を借りた積極的加害行為について，防衛の意思がないので正当防衛は成立しない，としています。

さらに，客観的には正当防衛の状況でも，行為者がその認識をしていない偶然防衛の問題があります。客観的には正当防衛の状況，主観的には正当防衛の状況ではない，という状況です。

ヤクザが組長を殺そうとして銃で狙っていました。組長はそんなことはつゆ知らず，ヤクザに対して銃を発射し，殺しました。

防衛意思が必要と考えるなら，組長の行為は正当防衛ではありません。防衛意思が不要と考えれば，正当防衛が成立します。

「やむをえずした」ということばを説明します。防衛行為の必要性・相当性の問題です。

必要性の問題とは，必要でやむをえない行為ならOKということです。他にとるべき方法がなかったことを必要としないのです。他にとるべき方法がなかったことは補充性の原則といわれています。

ですから，相手の侵害行為から逃げられる場合でも，正当防衛行為をとることができるのです。

36条：① 急《きゅう》迫《はく》不《ふ》正《せい》の侵害に対して，自己／他人の権利を防衛するため，やむを得ずにした行為は，罰しない。

### ❖過剰防衛

過剰《かじょう》防衛《ぼうえい》は，防衛行為が行き過ぎた場合です。刑法 36 条の 2 項に「防衛の程度を超えた行為は，その刑を減軽したり免除したりできる」となっています。チンピラが殴りかかってきて，殴り返して殺してしまったような場合です。

### ❖誤想防衛

大学のキャンパスを歩いているとき，ヘルメットをかぶった学生が鉄パイプのようなものを持って近づいて来ました。リンチされるのかと誤解して殴ってしまった場合，誤想《ごそう》防衛《ぼうえい》になります。正当防衛ではありません。

正当防衛の状況を誤って想定して
防衛行為を行ったわけです

### ❖対物《たいぶつ》防衛

正当防衛は，侵害行為が人間の行為でなくても成立します。放し飼いの犬が襲いかかってきた場合，犬に対する正当防衛をすることができます。

「不正の侵害」は人間の行為にしか
言えないと考えると，
否定することになりますね

36 条：②防衛の程度を超えた行為は，情状《じょうじょう》により，その刑を減軽《げんけい》／免除することができる。

●3●

## 緊急避難

**緊急避難《きんきゅうひなん》は，正当防衛の弟みたいなものです。**兄弟の差を考えることも大切です。刑法 37 条の 1 項は，自己・他人の生命・身体・自由・財産に対する現在の危難《きなん》を避けるために，やむを得ず行った行為は，その行為から生じた害が避けようとした害の程度を超えなかった場合に限り，罰しない，と規定しています。

1 つずつ説明しましょう。

自己・他人の生命・身体・自由・財産は包括的な意味で，名誉・貞操《ていそう》も含みます。

「現在」というのは正当防衛の「急迫」と同様に考えます。

「危難」とは法益に対する実害・危険です。人の行為でも動物の行為でも自然現象でも含まれます。

「やむを得ず」というのは，その避難行為が危難を避けるための唯一の方法で，他にとるべき方法がなかったことを意味します。補充性の原則です。

「その行為から生じた害が，避けようとした害の程度を超えない場合」というのは避難行為から生じた害が避けようとした害の程度を超えてはいけないということです。法益権衡《ほうえきけんこう》の原則です。

---

37 条：①自己・他人の生命／身体／自由／財産に対する現在の危難《きなん》を避けるため，やむを得ずにした行為は，これによって生じた害が避けようとした害の程度を超えなかった場合に限り，罰しない。ただし，その程度を超えた行為は，情状により，その刑を減軽／免除することができる。

ここで兄貴分の正当防衛との比較をしておきましょう。

**正当防衛と緊急避難(1)**

| | ①正当防衛 | ②緊急避難 |
|---|---|---|
| 法益衝突の態様《たいよう》 | 正対不正の関係 | 正対正の関係 |
| 前提状況 | 急迫不正の侵害 | 現在の危機 |
| 行為の性質または効果 | 自己 or 第三者の権利の防衛に役立つこと | 自己 or 第三者の生命・身体・自由・財産を守るのに役立つこと |
| 行為の性質または効果 | やむをえない行為<br>必要性＋相当性 | やむをえない行為<br>必要性＋補充性の原則<br>＋法益権衡の原則 |

正当防衛は，侵害行為それ自体に対する反撃行為です。

二面構造

緊急避難は，危難の原因と無関係な第三者の正当な利益を侵害する避難行為です。　三面構造

正当防衛は不正に対する正しい行為です。

緊急避難は正に対する正しい行為です。

第三者の正当な利益を侵害してしまう緊急避難においては，補充性の原則・法益権衡の原則などの厳格な要件が大切なのです。

**正当防衛と緊急避難(2)　違いをしっかりおぼえましょう**

① 正当防衛 は 不　正 に対する正しい行為。

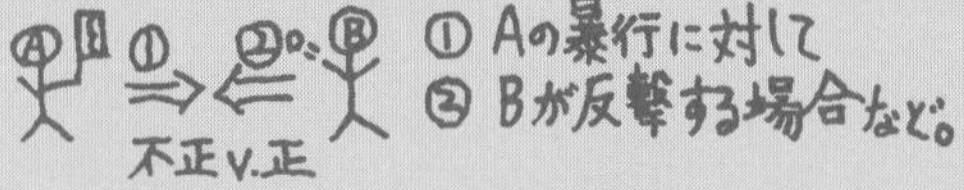


② 緊急避難 は 正 に対する正しい行為。

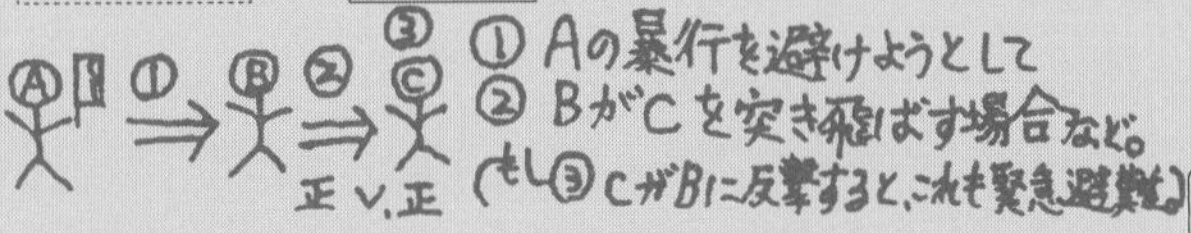


### ❖過剰避難

程度を超えた避難行為を過剰避難《かじようひなん》と呼んでいます。

補充性の程度を超えた場合と均衡の程度を超えた場合があります。刑法は37条1項のただし書きで，刑を減軽・免除できる，としています。

### ❖誤想避難《ごそうひなん》

現在の危難が存在しないのに，あると誤信して避難行為を行った場合です。

●4●
## 法令行為

刑法35条は，法令・正当な業務による行為は罰しない，としています。法令行為《ほうれいこうい》というのは，成文の法律・命令に基づいて権利・義務として認められた行為です。法令が認めた行為ですから，当然適法行為です。もちろん形式的には法令行為でも，濫用《らんよう》された場合には違法になります。法令行為には次の４つがあります。

**法令行為**

**①職権・職務行為**

**例えばお巡りさんが被疑者を逮捕する行為は，逮捕監禁罪ではありませんね。**

**②権利行為**

**お母さんが子どものお尻を叩いたりしても，暴行罪ではありませんね。**

親権者の懲戒行為

**③法令によって特に認められた行為**

**母体保護法による人工妊娠中絶**

**④労働争議行為**

**労働争議の結果会社の業務が妨害されても，威力《いりよく》 業務《ぎようむ》妨害罪《ぼうがいざい》にはなりませんね。**

●５●

## 正当業務行為

法令行為は，成文の法律・命令によるものです。

法令の規定がなくても，社会通念上正当な業務行為として認められている行為を正当業務行為と呼んでいます。

「業務」というのは社会生活の地位に基づき，反復継続して行われる事務です。経済的な対価のない業務でもかまいません。

35条：法令または正当な業務による行為は，罰しない。

正当業務行為には次のようなものがあります。

**正当業務行為の例**
**①プロスポーツのスポーツ行為**
**②医者や弁護士の活動**

例えば，ボクサーが相手を殴っても暴行罪は成立しませんね。

●6●
## 被害者の承諾

被害者の承諾というのは，被害者が自分の法益の侵害について承諾を与えることです。しかし，被害者の承諾があれば全て無罪になる，というわけではありません。違法性阻却事由としての被害者の承諾が認められるのは次の場合です。

**被害者の承諾が認められる要件**
**①被害者の本当の有効な承諾**
**②行為自体も適切であること**
**③被害者が処分できる個人的法益であること**

黒板の①は，承諾の内容と意味が理解できる人間の自由で真面目なものでなければならないということです。

黒板の②は，行為の方法や程度が社会通念上相当なものでなければならないということです。

黒板の③は，国家的法益や社会的法益について個人が承諾できるはずはないということです。さらに，個人的法益に国家的法益・社会的法益が含まれる場合にも被害者の承諾は成立しません。

### ❖安楽死

安楽死というのは，不治の病によって死が目前に迫っている人に対し，耐えがたい肉体的苦痛を軽減・除去する目的で，安らかな死を迎えさせることをいいます。安楽死の要件は次のようにまとめられます。

**安楽死の要件**

**①不治の病によって死が目前に迫っている患者であること**
**②肉体的に耐えがたい苦痛が存在すること**
**③患者自身が明確に死の苦痛を軽減・除去することを希望していること**
**④もっぱら患者の死苦を和らげる目的で行われること**
**⑤原則として医師が行うこと**
**⑥安楽死の方法も社会通念上相当なものであること**

●7●
## 社会的相当行為

社会的相当行為というのは，社会通念上，社会生活の秩序の中で許容される行為のことです。

●8●
## 自救行為

自救《じきゅう》行為《こうい》というのは，権利を侵害された者が，法律上正規の手続による救済を待っていると回復が不可能になるか非常に困難になる場合，自分の力で権利の回復を図る行為です。

民事法では自力救済と呼んでいます

正当防衛との区別は次の黒板を見て下さい。

**自救行為と正当防衛**
**①正当防衛　　急迫の侵害**
**②自救行為　　既に終わった侵害**

自救行為には２つの側面があります。

**自救行為のプラス面とマイナス面**
**①プラス面　　正当な利益保護になる**
**②マイナス面　私人の実力行使を認めると，法治国家の法秩序を乱す危険がある**

自救行為の要件は次の通りです。

**自救行為の要件はこの３つ**
**①権利侵害があったこと**
**②法律上の正規の手続を待っていると権利回復が不可能に近いこと**
**③客観的・主観的に権利回復行為であること**

上の黒板②は，自分で権利を回復する行為をすれば権利が回復できるのに，公務員の正規の手続きを待っているとダメになってしまう場合です。

上の黒板③は，本人の意識の上（主観的）でも外見上も（客観的），適切な行為だということです。

②については，例えば窃盗犯の居場所がわかっている場合には要件をみたしません。

③については，例えば犯人を暴行・強迫して取り返した場合には，要件をみたしていないとされることが多いと考えられます。

# キオークコーナー5時間目

## [用語チェック]

| | |
|---|---|
| ①違法性<br>②違法性阻却事由 | □　構成要件に該当する行為は原則として違法ですが，特別の場合〔①〕が消えます。この特別な事柄を〔②〕と呼びます。 |
| ③法益侵害説<br>④社会倫理違反説<br>⑤行為無価値論 | □　違法性の実質について〔③〕〔④〕の二つの考え方があります。<br>〔③〕は刑法の役割を法益保護と考えます。〔④〕は，社会倫理や道徳の維持を強調します。〔③〕は結果無価値論につながります。<br>〔④〕は〔⑤〕につながります。 |
| ⑥可罰的違法性 | □　違法性の程度がわざわざ国が処罰することが可能なほどの程度になっているということを〔⑥〕と呼びます。 |
| ⑦⑧正当防衛，緊急避難 | □　法定的な緊急違法性阻却事由は〔⑦〕と〔⑧〕です。 |
| ⑨⑩法令行為，正当業務行為 | □　法定的な一般的違法性阻却事由は〔⑨〕と〔⑩〕です。 |
| ⑪自救行為 | □　超法規的な緊急違法性阻却事由は〔⑪〕です。 |
| ⑫⑬社会的相当行為，被害者の承諾 | □　超法規的な一般的違法性阻却事由は，〔⑫〕と〔⑬〕です。 |
| ⑭過剰防衛 | □　〔⑭〕は正当防衛行為がいきすぎた場合です。 |
| ⑮対物防衛 | □　正当防衛は侵害行為が人間の故意でなく物の場合でも成立します。これを〔⑮〕といいます。 |

| | |
|---|---|
| □　正当防衛は二面構造で〔⑯〕は三面構造です。 | ⑯緊急避難 |
| □　正当防衛は不正に対する正しい行為です。〔⑯〕は〔⑰〕に対する正しい行為です。 | ⑰正 |

# 6時間目
# 刑法総論第6章
# 責任

▶ここで学ぶこと

- 責任
  - 本質
    - 道義的責任論
      - 行為責任論
    - 社会的責任論
      - 性格責任論
    - 心理的責任論／規範的責任論
  - 要素
    - 責任能力
    - 主観的責任要素
      - 故意・過失
      - 違法性の意識の可能性
    - 客観的責任要素 ― 期待可能性

- 錯誤
  - 事実の錯誤
    - 具体的事実の錯誤
    - 抽象的事実の錯誤
    - 客体の錯誤
    - 方法の錯誤
    - 因果関係の錯誤
  - 法律の錯誤
    - 法の不知
    - あてはめの錯誤

# ❶▸責任とは何か

## ●1● 責任とは？

**責任を一言でいうと，犯罪行為について，その行為者を非難できることです。非《ひ》難《なん》可《か》能《のう》性《せい》ですね。**「責任がなければ刑罰はない」というのは近代刑法の基本原理です。古い時代の刑法では，客観的・団体的責任でした。近代刑法では，主観的・個人的責任です。

主観的責任というのは，法益侵害・危険が発生しただけでなく，行為者に責任能力と故意・過失があり，期待可能性もある場合のみ処罰する，ということです。

個人的責任というのは，行為者は自分の行った行為のみについて非難される，ということです。以前は，私が犯罪を犯せば，私の両親や兄弟も罰せられたりしたのです。

連座制・円座制というのが江戸時代にもありましたね

## ●2● 責任の本質

まず道義的責任論という立場があります。

**道義的責任論は，自由意思を有する者が，自らの意思で行った行為と結果について責任をもつという考え方です。**

人間の意思と行為は，本人が自由にコントロールできるはずだという非決定論に基づいています。

この道義的責任論を，道徳的立場のみに立って考えていくと，国家の刑罰権を拡大する方向につながりかねません。

現在の道義的責任論は，人間の自由意思を認めながら，素質と環境の影響も重視し，「決定されつつ決定する」という相対的非決定論になっています。

つまり**素質と環境に決定されつつ，自分の意思で行動を決定するというのです。**

**社会的責任論は，社会的危険性をもつ者が，社会防衛手段としての刑罰を受ける法律的地位が責任だと考えます。**

人間の行為は，素質と環境に決定されているという決定論《けつていろん》に基づいています。

刑罰は社会防衛の手段になるので，刑罰と保安処分は同じものになってしまいます。

この考え方は人権保護の面から大きな問題があります。

### ❖行為責任論と性格責任論の対立

道義的責任論は行為責任論につながります。

社会的責任論は性格責任論につながります。

行為責任論というのは，責任の基礎を現実に行われた外部的行為に求めます。

いくら反社会的な性格でも何もしなければ罰することはできないと考えるのです。何かの行為をやってこそ刑罰を与えられる可能性がでてくる，どんなに危ない性格でも行為に及ばない限りは刑罰を与えないとするのです。性格責任論は，犯人の危険な性格に責任の基礎を求めます。危ない人から社会を防衛するために刑罰があるというのです。

### ❖心理的責任論と規範的責任論

心理的責任論は次のような考え方です。従来，違法性は客観的に，責任は主観的にと考えていました。

これに基づき，責任を客観的な違法行為に対する行為者の心理的＝主観的な関係として考えるのです。

これに対して規範的責任論があります。この考え方は，**責任の本質を規範的な非難可能性と考えます。**故意過失を統合するものとして，行為者に適法行為の期待可能性が認められることを責任の基礎にするのです。

規範的責任論は通説になっています

**責任の本質をめぐる諸説**

**①道義的責任論 ―― 行為責任論 ―┬― 心理的責任論**
**　　　　　　　　　　　　　　　　├― 規範的責任論**
**②社会的責任論 ―― 性格責任論 ―┘**

これは，責任が事実の問題（心理的責任論）か，評価の問題（規範的責任論）かをめぐる対立です。

## ❷ ► 責任の要素

責任要素としては，次のものがあります。

**責任要素**
**①責任能力**
**②故意《こい》・過失《かしつ》**
**③違法性の意識の可能性と期待可能性**

●1●
### 責任能力

**構成要件に該当し，違法な行為をしても，行為者に責任を負わせるには，行為者が責任能力を持っていなければなりません。**

**行為者が刑事責任を負う能力を責任能力**と言います。

道義的責任論の立場は，責任能力を犯罪能力と考えます。

社会的責任論の立場は，責任能力を刑罰能力と考えます。

犯罪能力というのは，違法性を意識し，その意識にしたがって，自分の行動をコントロールできる能力です。

つまり，違法行為をしてはならない，したら自分も損をする。だからやめておこう，と考えることのできる能力です。この能力すらない人の場合，いくら構成要件に該当する違法な行為を行っても，刑罰を与えることはできないと考えるのです。精神を完全に冒《おか》された人が犯罪を行った場合，刑罰を与えることはできませんが，精神施設に強制入院させるなどの手段をとることにさせるのです。　有責行為能力ともいえます刑罰能力説の立場は，もともと社会的に危険な性格の人間が構成要件に該当する違法な行為をするわけですから，その社会的に危険な性格を矯正されるだけの能力を持っているかどうかを問題にするのです。　受刑能力ともいえます

責任能力は，犯罪行為の時に存在することを必要とし，かつ，それで十分です。

刑法は，責任無能力と限定責任能力と２つに分けて規定しています。まず下の黒板を見て下さい。

**責任無能力と限定責任能力**

| | | |
|---|---|---|
| **①責任無能力** | **心神喪失者** | **14 歳未満の者** |
| **②限定責任能力** | **心神耗弱者** | |

刑法は，39 条 1 項で「心神喪失者《しんしんそうしつしゃ》の行為は罰しない」と規定しています。

心神喪失というのは自分の行動をまったくコントロールできなくなっているということです。　心神喪失で無罪のとき
精神保健福祉法で措置入院

刑法は，また，39 条 2 項で「心神耗弱者《しんしんこうじゃくしゃ》の行為は，その刑を減軽する」と規定しています。心神耗弱というのは，自分の行動をコントロールする力が相当弱いということです。

39 条：①心神喪失者の行為は，罰しない。
②心神耗弱者の行為は，その刑を必ず減軽する。

刑法41条は，14歳未満の人の行為は罰しない，と規定しています。14歳未満の人を絶対的責任無能力者としているのです。

もっとも，特別法にさまざまな規定があります。下の黒板を参照して下さい。

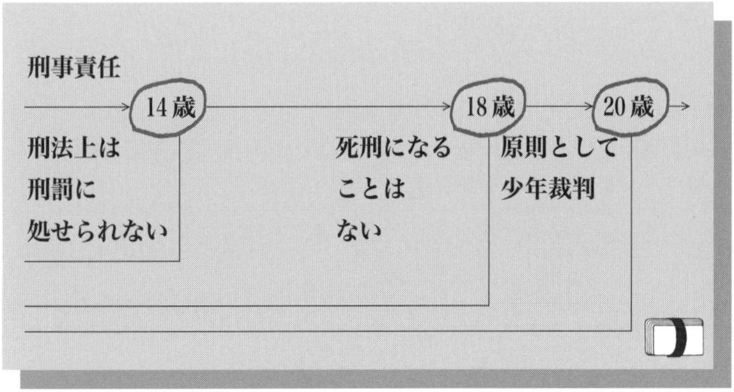


●2●

## 原因において自由な行為

原因において自由な行為は次のようなケースです。

私が，酔っ払うと人を殴ってしまう癖があり，そのことを自覚していたとします。仕事で疲れ果てたとき，がぶ飲みして日頃不愉快に思っていた上司を殴って傷を負わせました。

泥酔していたときは，自己コントロール力を失っていました。この場合，私を無罪にしていいのでしょうか。

また，有罪と考えるなら，実行行為はいつ始まったのでしょうか。

41条：14歳未満の者の行為は，罰しない。

確かに，責任能力のない状態で行った行為に対して責任非難はできないはずです。しかし上のような場合も無罪でしょうか。

責任と犯罪行為の同時存在の原則からすると例外的な現象ですね。まとめていうと，**故意・過失によって，自己を責任無能力・限定責任能力状態にして違法行為を行った場合に，行為者に責任を負担させる理論を，原因において自由な行為理論と呼ぶのです。**

実行行為はいつ始まるのでしょうか。

原因設定行為を実行行為と考える説があります。上記の例では，お酒をがぶ飲みする行為ですね。

責任無能力時の行為を実行行為と考える説もあります。上記の例でいうと，殴る行為ですね。

原因設定行為を実行行為とする考えの方は，間接正犯《かんせつせいはん》と似ています。　間接正犯のところで復習しましょう

●3●
## 責任条件

責任条件は，次のものです。

**責任条件**
**①責任故意　心理的要素**
**②責任過失　心理的要素**
**③違法性の意識の可能性　規範的要素**
**④期待可能性　規範的要素**

つまり行為者に責任を負わせるには次のようなことが必要なのです。

「行為者が違法行為を認識しあるいは認識しえた上に，行為が違法であることを意識することが可能で，適法行為の期待可能性があるのに違法行為をしてしまったこと」です。

●4●

## 故意

刑法38条1項は，罪を犯す意思がない行為は罰しない，としています。**日本の刑法の体系では故意犯《こいはん》が原則です。**過失犯《かしつはん》は例外とされています。

故意の中には構成要件的故意があります。また主観的違法要素の中にも故意を含めることができます。しかし，責任要素としての故意は最もウエートのあるものです。責任要素としての故意は責任故意と呼ばれます。構成要件的故意は責任故意の一部です。**責任故意とは，構成要件該当事実と違法性に関する事実を認識することです。責任故意＝構成要件的故意＋違法性に関する事実の認識といえます。**

故意には次のページに掲げるような種類があります。

次のページで，未必の故意と
認識ある過失の微妙な区別を
しっかり理解してください

38条：①罪を犯す意思がない行為は，罰しない。ただし，法律に特別の規定がある場合は，この限りでない。

**故意の種類**

**①犯罪事実を確定的に認識している場合**

**②択一《たくいつ》的故意**　**鈴木君と山田君のどちらかに当たればいいと思ってピストルを撃つような場合。**

**③概括《がいかつ》的故意**　**群衆に発砲するような場合。結果の発生は確実だが，客体が不確実。**

**④未《み》必《ひつ》の故意**　**狭い道路を通っている人の横を車で通りすぎるとき，「あたってもいいや」と考えながら通るような場合。結果の発生は不確実だが，結果が発生してもいいと認容している。**

上の④で，「あたっては困るが，まずあたらないだろう」と思って車で通ったところ，ぶつけてしまった場合は認識ある過失です。この場合，認識はあったものの，結果発生を認容していません。故意に近い過失ですね。

### ❖違法性の意識の可能性

**違法性の意識の可能性というのは，自分の行為が違法であることを意識する可能性です。**行為者に故意・過失があっても，違法性の意識の可能性がなければ有罪にされるべきではないでしょう。判例は違法性の意識も，違法性の意識の可能性も両方不要であるという立場にたっています。違法性の意識や違法性の意識の可能性がなくても有罪にできると考えているわけです。

では，違法性の意識の可能性は故意の要素でしょうか，それとも責任要素でしょうか。

**違法性の意識の可能性をめぐる諸説**

**①厳格故意説　違法性の意識の存在が必要とする**
**——故意の要素と考える**

**②制限故意説　違法性の意識の可能性で足りるとする**
**——故意の要素と考える**

**③責任説　違法性を意識しないことに特別の理由があれば責任が阻却される　——責任要素と考える**

故意の要素と考えると，違法性の意識を欠いたことにつき過失責任を問える場合があることになります。責任の要素と考えれば無罪ですね。

●5●

## 事実の錯誤

**事実の錯誤《さくご》は，行為者が認識した事実と，現実に発生した客観的事実が一致しない場合です。事実の錯誤には，具体的事実の錯誤と抽象的事実の錯誤があります。**

具体的事実の錯誤は，Aを殺すつもりでBを殺したような同じ構成要件内の錯誤です。

抽象的事実の錯誤は，他人の飼い犬を殺すつもりで人を殺してしまったように，別の構成要件にまたがって錯誤した場合です。

また，事実の錯誤は，錯誤の態様により，次の3つに分かれます。

**事実の錯誤**

| | |
|---|---|
| **①客体の錯誤** | **山田と思って殺したところ，現実には山田の弟だった場合** |
| **②方法の錯誤** | **山田を殺そうとしたら，弾がそれて鈴木に当たった場合** |
| **③因果関係の錯誤** | **崖から海に落として溺死《できし》させようとしたら，途中の岩に頭が当たって死んでしまった場合** |

方法の錯誤は打撃《だげき》の錯誤ともいわれています。

### ❖3つの錯誤論

錯誤論には大別して3つの学説があります。

まず**具体的符合説**です。認識した内容と発生した結果事実が具体的に一致しなければ故意は認められないと考えます。非常に厳しく理解するわけですね。

方法の錯誤の場合は，認識事実と発生事実が具体的に一致しているわけではないので，故意が阻却《そきゃく》されます。Aを殺そうとしたが，間違って隣のBを撃ち殺してしまった場合は方法の錯誤ですね。具体的符合説ではB殺害の故意が阻却され，過失致死となります (Aに対しては殺人未遂)。

**法定的符合説**というのは，構成要件の範囲内で符合していれば故意を認める考え方です。客体の錯誤や方法の錯誤の場合は故意は阻却されませんが，抽象的事実の錯誤の場合は故意が阻却されます。

上記の例の場合は，人を殺そうとして人を殺したわけであり，殺人罪という同じ構成要件の範囲内ですから，Bに対する殺人既遂《きすい》罪が問われます（Aに対する殺人未遂の成否も問題となります)。

**抽象的符合説**は構成要件が別な場合でも，両者のうち軽い罪の限度で故意の成立を認めます。重い罪についても故意があれば故意犯，過失があれば過失犯が成立します。

上記の例の場合，当然殺人既遂罪になります。隣人の飼い犬をケガさせようとしてピストルを発射したところ，弾丸が隣人に当たって死亡させた場合，抽象的符合説ならば，器物損壊《きぶつそんかい》既遂罪と過失致死罪の両方を認めるはずです。

この場合，器物損壊という結果が発生していないのに器物損壊既遂罪を成立させるのは罪刑法定主義に反すると考えられます。

●6●

## 法律の錯誤

**法律の錯誤は，犯罪事実の認識はあるが，自分の行為が違法ではないと誤信している場合です**。法律の錯誤は次の2種類にわかれます。1つは**法の不知《ふち》**です。

自分の行為が刑法の条文で禁止されていることを知らずに，適法な行為だと信じて行った場合です。

もう1つは**あてはめの錯誤**です。刑法の条文を誤って解釈し，自分の行為は違法ではないと信じている場合です。

よくあるあてはめの錯誤は，私がポルノ小説を書いていて，「いまの時代ならこのくらい過激でもいいだろう」と思って大胆な性描写を表現した結果，わいせつ物陳列罪で逮捕されてしまうようなケースです。

**法律の錯誤**
**①法の不知　刑法の存在に関する錯誤**
**②あてはめの錯誤　刑法の解釈に関する錯誤**

法律の錯誤と事実の錯誤の区別が重要です。事実の錯誤の場合，故意が阻却されうるので，過失犯になるかどうかだけがポイントです。

法律の錯誤の場合，故意が阻却されず故意犯が成立する可能性があります。錯誤の対象が事実的側面の場合は事実の錯誤であり，法律的・規範的錯誤の場合は法律の錯誤です。

刑法38条3項は，法律を知らなかったとしても，罪を犯す意思がなかったとすることはできない，ただし情状により刑を減軽することができる，と規定しています。

判例は，故意犯の成立には犯罪事実の認識があればよく，違法性の意識は必要ないとする立場から，法律の錯誤があっても故意の成立に影響しないと考えているようです。

法律の錯誤は 禁止の錯誤とも いいます

38条：③法律を知らなかったとしても，そのことによって，罪を犯す意思がなかったとすることはできない。ただし，情状により，その刑を減軽することができる。

法律の錯誤に関する学説を黒板にまとめておきましょう。

**法律の錯誤に関する学説**
**①違法性の意識不要説　犯罪は成立する**
**②厳格故意説　故意を阻却する**
**③制限故意説　原則として故意成立。錯誤が相当の理由による場合は故意阻却。**
**④責任説　故意成立。錯誤が相当の理由による場合は違法性の意識の可能性がなかったとして責任阻却。**

●7●
## 期待可能性

**期待可能性は，規範的責任論の中心です。行為者が，違法行為をやめて適法行為をすることを期待する可能性があることです。**責任はもともと実質的判断なので期待可能性も実質的に考えます。

有名な判例を紹介しましょう。第5柏島丸事件です。定員の5倍の乗客を乗せた第5柏島丸が沈没し，多くの死傷者が出ました。船長は業務上過失致死傷罪などに問われましたが，結局軽い罰金刑になりました。通勤客が制止を振り切って乗船し，警官も止めようとせず，船主が船長の進言を無視した，というような状況下で，船の運航を中止することを船長に**期待できる可能性がほとんどなかった**と考えられたのですね。

期待可能性は実質的なものですが，刑法によって法定化されてしまっているものもあります。例えば刑法104条に証拠隠滅《いんめつ》罪があります。しかし105条に犯人の親族が証拠を隠滅した場合には刑の免除をすることができるとしています。これは犯人の親が証拠を隠滅してはいけない，と期待できる可能性が少ないと考えているわけですね。

●8●
## 過失

**過失は，不注意により，構成要件該当事実や違法事実を認識しないことです。**責任要素としての過失は責任過失と呼ばれます。責任過失には構成要件的過失が含まれます。

### ❖旧過失論

伝統的な過失論は過失の判断基準を結果の予見可能性だとします。行為者は犯罪事実を予見するべきであり，また予見できたのに不注意によって予見しなかったことが刑法上の非難に値するというわけです。

### ❖新過失論

新過失論は，故意犯の実行行為と過失犯の実行行為は異なるというのです。過失犯の実行行為は，不注意によって，結果回避義務を怠ったことを中心に考えるのです。

2つの過失論の違いを黒板にまとめましょう。

104条：他人の刑事事件に関する証拠を隠滅／偽造／変造し，または偽造／変造の証拠を使用した者は，3年以下の懲役／30万円以下の罰金。
105条：前2条の罪については，犯人／逃走した者の親族がこれらの者の利益のために犯したときは，その刑を免除することができる。

**旧過失論と新過失論**

**①旧過失論　結果予見可能性⇨予見義務違反**

**②新過失論　結果回避可能性⇨回避義務違反**

結果の要件は犯罪事実の認識がないことです。認識ある過失においては，認識があり認容がないといわれますが，結果が発生しないと軽信し，結果発生の認識を打ち消していると考えられます。

### ❖新・新過失論

不安感を感じる程度に予想される結果発生を防止するための回避義務を問題にします。

不安感説・危惧感説とも呼ばれます

公害の事例などで広く過失犯を認めることができます。

### ❖過失の種類

| | |
|---|---|
| **①普通の過失と認識ある過失** | **認識ある過失は結果の発生をいったん予見しながら，認容しなかったために不注意によって結果発生の認識を打ち消したもの** |
| **②業務上過失と普通の過失** | **業務上過失は一定の業務に従事する人に課せられる重い注意義務に対する違反です** |
| **③普通の過失と重過失** | **重過失は注意義務違反の重いもの** |

●9●
# 信頼の原則

信頼の原則は交通事故などでよくいわれます。

信頼の原則は，行為者が行為をするとき，相手や第三者が適切な行動をとるだろうと信頼することが当然な場合には，相手や第三者が不適切な行動をとってしまったために結果が発生しても，責任を負わなくてもよいという原則です。

交通事故などにおいて，結果責任を認めすぎる傾向を是正するために考えられた原則です。例えば，私が車を運転中，青信号を適正なスピードで走っていたところ，いきなり歩行者が横断してきました。歩行者側からみれば赤信号ですね。まさか赤信号で渡ってこないという私の信頼は認められるべきです。私が適正なスピードで走っていて，相当の注意を払っていたなら，いきなり横断してきた歩行者をひいてケガをさせてしまっても，罪に問うべきではない，というわけです。

### ❖信頼の原則の適用範囲

相手方が適切な行動をとると信頼してよい場合にのみ適用されます。

すなわち，以下のような場合には適用されません。

①自分自身が規則違反をし，それが事故の直接の原因となっている場合。

②相手方の不適切な行動を予見できる場合。

③幼児や老人，酔っ払いなど適切な行動を期待できない相手の場合。

# キオークコーナー 6時間目

**[用語チェック]**

| | |
|---|---|
| | □ 道義的責任論の立場は，責任能力を犯罪能力と考えます。 |
| ①社会的責任論 | 〔①〕の立場は，責任能力を刑罰能力と考えます。 |
| ②限定責任能力 | □ 刑法は責任無能力と〔②〕の二つにわけて規定しています。 |
| ③④心神喪失《そうしつ》者，14歳未満の者 | □ 責任無能力者は〔③〕と〔④〕です。 |
| ⑤心神耗弱《こうじゃく》者 | □ 限定責任能力者は〔⑤〕です。 |
| ⑥18 | □ 刑法上14歳未満の者は刑罰には処せられません。また，〔⑥〕歳未満の者は死刑になりません。 |
| ⑦具体的事実の錯誤 | □ Aを殺すつもりでBを殺したというように同じ構成要件内での錯誤のことを〔⑦〕と呼びます。 |
| ⑧抽象的事実の錯誤 | □ 飼い犬を殺すつもりで人を殺してしまったというように，別の構成要件にまたがった錯誤のことを〔⑧〕と呼びます。 |
| ⑨客体の錯誤 | □ 山田だと思って殺したところ現実には山田の弟だった場合のことを〔⑨〕と呼びます。 |
| ⑩方法の錯誤 | □ 山田を殺そうとしたら弾がそれて鈴木に当たったような場合の錯誤を〔⑩〕と呼びます。 |
| ⑪因果関係の錯誤 | □ 崖から海に落として溺死させようとしたら，途中の崖に頭が当たって死んだといったような錯誤を〔⑪〕と呼びます。 |

□　方法の錯誤のことを〔⑫〕と呼びます。

□　錯誤論に関して3つの学説があります。〔⑬〕，〔⑭〕，〔⑮〕です。

□　刑法の存在に関する錯誤は〔⑯〕です。

□　刑法の解釈に関する錯誤は〔⑰〕です。

□　法律の錯誤は〔⑱〕ともいいます。

□　法律の錯誤に関する学説をまとめておきましょう。

違法性の意識不要説では犯罪は〔⑲〕。

厳格故意説では故意を〔⑳〕します。

制限故意説では原則として故意〔㉑〕。

錯誤が相当の理由による場合は故意〔㉒〕。

□　旧過失論は結果の予見可能性・義務違反を重視します。新過失論は〔㉓〕を重視します。

□　道路で車を運転している時，まさか赤信号なのに歩行者が突然飛び出して来ないだろうと考えることがきわめて当然な場合，結果として歩行者を死傷した場合でも犯罪の成立をみとめるべきではないとする考え方を〔㉔〕といいます。

□　酔っ払うと人を殴る癖のある人間が，がぶ飲みして嫌いな上司を殴って怪我をさせたような場合を〔㉕〕といいます。

⑫打撃の錯誤

⑬～⑮具体的符合説，法定的符合説，抽象的符合説

⑯法の不知

⑰あてはめの錯誤

⑱禁止の錯誤

⑲成立

⑳阻却

㉑成立

㉒阻却

㉓結果回避義務違反

㉔信頼の原則

㉕原因において自由な行為

# 7時間目
# 刑法総論第7章
# 未遂犯

▶ここで学ぶこと

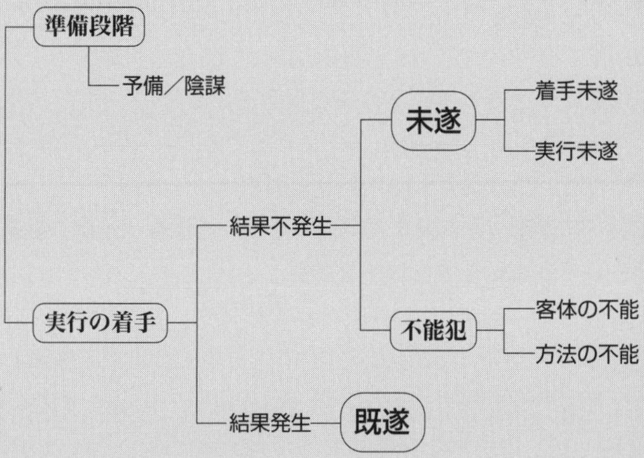

●1●
# 未遂犯

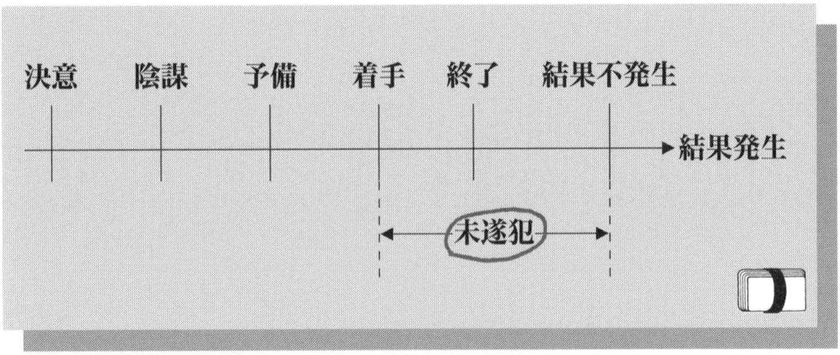


刑法43条は犯罪の実行に着手したが，結局結果発生しなかった場合は刑を減軽することができる，と規定しています。未遂犯が罰せられるのは，その犯罪行為の危険性が結果発生以前の段階でも罰するに値すると評価されている場合です。ですから未遂犯が罰せられるのは特別な犯罪だけであり，刑法44条では，未遂罪を罰する場合は条文に明記する，と書いてあります。

準備行為には予備《よび》と陰謀《いんぼう》があります。

**実行に着手したが結果が発生しなかった場合が未遂《みすい》，結果が発生してしまった場合が既遂《きすい》です。**

広い意味の未遂犯には普通の未遂犯の他，中止犯も含みます。

中止未遂といいます

中止犯は後で説明しましょう。

---

43条：犯罪の実行に着手してこれを遂《と》げなかった者は，その刑を減軽することができる。ただし，自己の意思により犯罪を中止した者は，その刑を必ず減軽／免除する。

44条：未遂を罰する場合は，各本条で定める。

### ❖着手未遂と実行未遂

**着手未遂は，犯罪の実行に着手したが実行行為が終了しなかった場合です。実行未遂は実行行為は終了したのに結果が発生しなかった場合です。**

### ❖予備と陰謀

**予備は，犯罪実現のための準備行為です。**まだ犯罪の実行に着手していない場合です。未遂と予備の区別は，実行の着手の有無によるわけです。

**未遂と予備の違い**
**①未遂　犯罪の実行に着手したが結果発生せず**
**②予備　犯罪の実行に着手せず**

**陰謀というのは，２人以上の者が犯罪実行の相談をすることです。**予備は物理的な準備行為で，陰謀は心理的準備行為です。

### ❖未遂犯の成立要件

**未遂犯の成立要件は，犯罪の実行に着手したことと，結果が発生しないことです。**

犯罪の実行の着手に関していくつかの学説があります。

**形式的客観説**は，構成要件を基準として客観的・形式的に実行の着手時期を決めます。

**実質的客観説**は，法益侵害の現実的危険性が認められた時点で実行の着手を決定します。なお，不作為犯の未遂も認めることができます。

●2●
# 不能犯

不能犯というのは，行為者は犯罪の実行に着手したつもりなのに，結果発生が不可能な場合です。

例えば，大嫌いな人のわら人形を作って柱に掛け，五寸釘《くぎ》で毎晩そのわら人形の胸のあたりをごんごん打ちつけても，柱に傷がつくだけで，嫌いな人は死んでくれません。これで人が殺せるなら多くの人が死ぬことになるかもしれません。聞いた話では，三文雑誌の広告に「わら人形セット」というのがあり，白い装束とわら人形と釘の三点セットで 9800 円だそうです。「使いすぎに注意」と書いてあるそうです。これが本当の殺し文句ですね。不能犯は結果の発生がありえないので犯罪ではありません。

## ❖不能犯の学説

不能犯の学説をまとめておきましょう。

抽象的危険説は，行為時に行為者が認識していた事情のみを基礎として，その計画内容が客観的に実現したならば，一般人から見て危険か否かで区別します。行為者が砂糖を青酸カリと思って，他人に飲ませた場合，未遂犯となります。

客観的危険説は結果発生が絶対的に不能な場合を不能犯，相対的に不能な場合を未遂犯と考えます。絶対的不能というのは人を殺そうとして砂糖水を飲ませた場合で，相対的不能というのは銃の引き金を引いたが弾丸が不発のような場合です。

具体的危険説は，行為当時一般人が認識できた事情と行為者が特に認識していた事情を基礎として，客観的にみて結果発生の危険がある場合は未遂犯，ない場合は不能犯と考えます。

なお，行為者が特に認識していた事情は，客観的事実に合致するもののみが考慮されます。なぜなら，客観的事実に合致しないものも含めると，行為者の意思の危険性を処罰する抽象的危険説と同じ結果となるからです。

### ❖客体の不能

**現実には犯罪行為の客体が存在しない場合です。**

例えば親分が私を拳《けん》銃で撃ち，チンピラがとどめをさすつもりで私をナイフで刺しました。私は親分の銃弾で既に死んでいました。

チンピラは私の死体を刺したわけです。

チンピラの行為は具体的危険説によると殺人未遂ですが，客観的危険説の場合は未遂は成立しません。

### ❖方法の不能

**犯罪実行の方法が結果を発生しない方法の場合です。**

ヤクザが私に向かって鉄砲の引き金を引きましたが弾が入っていませんでした。

客観的危険説なら不能犯，具体的危険説なら未遂犯です。

●3●
## 中止犯

刑法 43 条ただし書きに，自分で積極的に犯罪を中止した場合は，刑を軽くするか免除する，と書いてあります。

犯罪の実行に着手した後，これを自分の意思でやめることです。

未遂犯との違いをまとめましょう。

**未遂犯と中止犯の違い**
**①未遂犯　刑が軽くなることもある**
**②中止犯　刑が必ず軽くなるか免除される**

中止犯の場合なぜこのように大きなサービスがあるのでしょうか。3 つの説があります。

**中止犯をめぐる諸説**
**①刑事政策説　とにかく犯罪を防ぐため，中止したときの恩典《おんてん》**
「後戻りのための黄金の橋」
**②違法減少説　中止行為によって違法性が減少すると考える**
**③責任減少説　中止行為が，犯罪行為に対する責任を減少させると考える**

中止行為のパターンには次の 2 つがあります。

**中止行為のパターン**
**①犯罪の実行に着手した後，実行行為の途中でやめたケース**
**②犯罪の実行行為に着手して完了したが，結果発生前に，結果発生防止行為をしたケース**

結局，中止犯は犯人の主観的意思によって犯罪を完了させなかった場合です。これに対して未遂犯は客観的事情によって犯罪が完了しなかった場合です。

### ❖中止犯の要件

①自己の意思によること（任意性）。

②中止したこと。

犯罪の完成を阻止する行為をしたことです。実行に着手したけれども，実行行為の途中で止めた場合は，実行行為を中止したか否かで判断されます。すでに実行行為が完了している場合には，結果発生防止の努力が必要です。

43条：犯罪の実行に着手してこれを遂げなかった者は，その刑を減軽することができる。ただし，自己の意思により犯罪を中止した者は，その刑を必ず減軽／免除する。

## キオークコーナー7時間目

**[用語チェック]**

| | |
|---|---|
| □　準備行為には〔①〕と〔②〕があります。 | ①②予備，陰謀 |
| □　実行に着手したが結果が発生しなかった場合が〔③〕，結果が発生してしまった場合が〔④〕です。 | ③未遂<br>④既遂 |
| □　広い意味の未遂犯には普通の未遂犯の他，〔⑤〕も含みます。 | ⑤中止犯 |
| □　〔⑥〕は，犯罪の実行に着手したが実行行為が終了しなかった場合です。 | ⑥着手未遂 |
| □　〔⑦〕は，実行行為は終了したのに結果が発生しなかった場合です。 | ⑦実行未遂 |
| □　未遂と予備の区別は〔⑧〕の有無によりす。 | ⑧実行の着手 |
| □　〔⑨〕というのは，2人以上の者が犯罪実行の相談をすることです。予備は〔⑩〕な準備行為で，〔⑨〕は心理的準備行為です。 | ⑨陰謀<br>⑩物理的 |

# 8時間目
# 刑法総論第8章
# 共犯

▶ここで学ぶこと

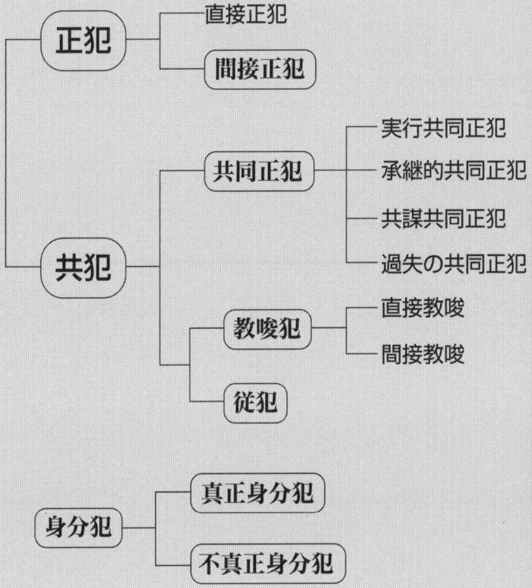

●0●

## 共犯とは

共犯を一般的に広く定義すると，2人以上の人間が共通意思のもとに共同して犯罪行為を行うことです。もう少し交通整理しましょう。

**共犯の分類(その1)**

**①広い意味の共犯　共同正犯《きようどうせいはん》・教唆《きようさ》犯・従犯《じゆうはん》**

**②狭い意味の共犯　教唆犯・従犯**

従犯は幇助犯《ほうじよはん》とも言います

次のような分類も大切です。

**共犯の分類(その2)**

**①任意的共犯　1人でも可能な犯罪を2人以上で犯すケース**

共同正犯・教唆犯・従犯

**②必要的共犯　本質的に2人以上の行為者が必要な犯罪**

**対向犯　賄賂罪のように渡す方ともらう方が必要**

**集団犯　騒乱罪など**

●1●

## 間接正犯

**他人を道具として利用することによって犯罪を行うケースを間接正犯《かんせつせいはん》と言います。**人を殺すときに，長い鉄パイプを使うことがあるように，鉄パイプの代わりに他人の行為を利用するのです。原因において自由な行為と重ねて理解する必要があります。原因において自由な行為のところを復習しながら勉強して下さい。いくつかのパターンに分けて考えましょう。

まず，利用される人の行為が刑法上の行為とは言えないようなときです。

例えば，重い精神病者にピストルを渡して相手を殺す場合です。

利用された人がまったく自分をコントロールできない場合は間接正犯です。

利用された人が自分をコントロールする力を少しでも持っていれば教唆犯ですね。

次に，利用された人の行為が構成要件要素の一部を欠いている場合です。

例えば，医者が注射器に毒を入れて，そうとは知らない看護師に注射をさせて患者を殺す場合です。看護師には殺人の故意がありません。

最後に利用された人の行為が違法性を欠く場合です。利用する人が利用される人の正当防衛行為などを利用するケースです。

ここで，原因において自由な行為と間接正犯との区別をしておきます。

**「原因において自由な行為」と間接正犯の違い**

**①原因において自由な行為　責任能力を欠いた状態の自分を道具に使う**

**②間接正犯　責任能力を欠いた状態の他人を道具に使う**

### ❖間接正犯の未遂

　間接正犯の未遂犯の場合，どのような行為を始めたときに未遂犯として処罰できるのでしょうか。

　利用者標準説は，他人を利用し始めた時に実行の着手が開始すると考えます。犯罪者の行為開始時と犯罪実行の着手を重ねて考えるものです。

　被利用者標準説は，利用される人が行為を始めた時を実行行為の着手時期とします。

●2●

## 共犯の考え方

　共犯の考え方には次の3つの学説があります。

　まず，**犯罪共同説です。特定の犯罪を共同して実現するのが共犯**だと考えます。共犯を構成要件の修正形式と理解するのです。

　次に，**行為共同説です。共犯は，数人が共同の行為によってそれぞれが意図する犯罪を実現することだと考えます。**

　最後に，**共同意思主体説です。共犯を共同意思主体の行為だと考えます。**

### ❖共犯の従属性

共犯が正犯に従属しているかどうか，正犯が成立しなくても共犯だけが成立するのか，これが共犯の従属性《じゅうぞくせい》の問題です。

**共犯従属性説は，共犯の従属性を主張します。古典学派の客観主義の立場です。共犯が成立するためには，少なくとも正犯者が実行に着手することが必要だと考えます。**例えば，私が学生に友人を殺せと教唆しました。学生は何もしませんでした。教唆の未遂です。共犯従属性説では教唆犯は成立せず，私は処罰されません。

**共犯独立性説はこれに対し，共犯行為そのものが処罰の対象だと考えます。正犯が犯罪の実行に着手しなくても，共犯者だけを処罰できると考えるのです。**上のケースでは，私は殺人罪の教唆犯の未遂として処罰されます。

### ❖共犯の従属形態

共犯成立には，正犯がどのような要件を備えることが必要でしょうか。

共犯の要素従属性の問題と呼んでいます。まず，**最小限従属形式**です。

正犯が構成要件に該当すれば共犯を処罰できると考えます。

次に**制限従属形式**です。正犯が構成要件に該当し，違法性を備えれば共犯を処罰できると考えます。

3番目は**極端従属形式**です。正犯が構成要件・違法性・責任の3つを満たした場合に共犯を処罰できると考えます。

最後は**誇張従属形式**です。正犯が構成要件・違法性・責任・処罰条件まで満たした場合に共犯を処罰するというものです。

制限従属形式が現在の通説です。

●3●
# 共同正犯

共同正犯は２人以上が共同して犯罪を実行することです。複数の行為者に，次の要件が必要です。

**共同正犯の要件**
**①主観的に共同実行の意思**
**②客観的に共同実行の事実**

共同実行の意思のない同時犯との区別をはっきりさせておきましょう。

共同正犯の行為として犯罪を共同して実行した者は全員正犯になります。

刑法60条は，２人以上犯罪を共同して犯した場合は，全員正犯としています。

たとえば，私が弟と強盗に入りました。弟が殴る蹴《け》るの暴行を働いている間に，私が金庫からお金を取りました。兄弟そろって強盗の共同正犯です。私は暴行をしていません。弟はお金を盗んでいません。しかし２人とも暴行を働いてお金を取ったことになります。

一部実行の全部責任の法理です

60条：2人以上共同して犯罪を実行した者は，すべて正犯とする。

### ❖承継的共同正犯

**ある人が実行行為の一部を終了した後，別の人が共同実行の意思をもって実行行為に参加した場合です。**

実際に聞いた話ですが，日本の国会議員がニューヨークのセントラルパークを早朝散歩していました。悪い奴が襟《えり》首をつかまえて金を出せ，と迫りました。ちょうどジョギングをしていた人が近づいてきたので，国会議員が助けを求めました。そのジョギング男は悪い奴に加担して２人がかりで強盗を働いたというのです。全体の状況から共同正犯が成立するかどうかが問題となるでしょう。

### ❖共謀共同正犯

**共謀者の一部が犯罪実行に出た場合，共謀《きょうぼう》に参加した全員が実行行為をしていなくても共同正犯としての責任を負うことを共謀共同正犯と言います。**

例えば過激派の５人がアジトで対立セクトの幹部を鉄パイプで殺す相談をしました。そのうち３人が実行して殺してしまいました。５人とも共謀共同正犯者として殺人犯になるかどうかの問題です。

共同意思主体説は，共謀した時点で共同意思主体が作られ，その共同意思主体によって犯罪が実行された場合，全員共同正犯と考えるべきだと説明します。

行為支配説は共謀から犯罪結果までのプロセスを支配したと考えられる共謀者も実質的には実行行為を分担したものだと説明します。間接正犯の考え方と似ています。

### ❖過失犯の共同正犯

過失犯の共同正犯も認められるでしょうか。私と友人が2人でボートを漕《こ》いでいて，不注意で水泳中の人をケガさせた場合，過失傷害の共同正犯を認めるべきでしょうか。

結局，共同正犯において，故意の共同が必要かどうかがポイントになります。

故意の共同が必要なら過失犯の共同正犯は成立しません。

故意の共同が不要なら過失犯の共同正犯は成立します。

●4●
## 教唆犯

刑法61条は，人を教唆して犯罪を実行させた者には，正犯の刑を科す，と規定しています。**教唆犯は人を教唆して犯罪を実行させることです。人をそそのかして犯罪を実行させるのです。**「教唆する」というのは，他人をそそのかして犯罪実行の決意を起こさせることです。そそのかしたものの，そそのかされた人が実行に着手しなかった教唆の未遂は不可罰です。

教唆の未遂と逆の言葉に，未遂の教唆という言葉があります。おとり捜査などで使われることがあります。例えば，「麻薬を買わないか」と買うようにそそのかし，「買う」と言ったところで手錠をかけるというパターンです。

### ❖間接教唆

刑法61条2項は，教唆者を教唆した者にも正犯の刑を科す，と規定しています。私が妹に「おまえの彼氏を言いくるめて佐藤君を殺すように説得しろよ」とそそのかすような場合です。

●5●

## 従犯

従犯とは正犯を幇助《ほうじょ》することです。刑法 62 条 1 項は，正犯を幇助した者（幇助犯）は従犯とする，と規定しています。また，63 条は，従犯の刑は正犯の刑より軽くする，と規定しています。

教唆犯が正犯と同じ刑なのにくらべて，軽くなっています。

正犯を幇助し，正犯者が犯罪を実行したことが必要です。幇助というのは物質的・精神的に犯罪行為を援助することです。

従犯成立には，従犯者が正犯を援助する意思を持っていたことが必要なので，過失による幇助は認められません。一方的な援助である片面《へんめん》的幇助も可能です。例えば，無記名でピストルを郵送してやるような場合です。

刑法 62 条 2 項は，従犯を教唆した者は従犯の刑を科す，と規定しています。

見張り行為を共同正犯とするべきか従犯とするべきかは，興味深く困難な問題です。全体として観察した場合，共同正犯と理解できるかもしれません。見張り行為自体は構成要件的行為ではないので，従犯と考える説もあります。

●6●

## 共犯と身分

刑法 65 条 1 項は，犯人の身分によって構成すべき犯罪行為に加担した場合，加担した人がその身分を持っていなくても共犯として処罰される，と規定しています。

61 条：①人を教唆して犯罪を実行させた者には，正犯の刑を科す。
②教唆者を教唆した者についても，前項と同様とする。
62 条：①正犯を幇助《ほうじょ》した者は，従犯とする。
②従犯を教唆した者には，従犯の刑を科す。

また，2項で，身分によって刑に重い軽いがある場合身分のない者には軽い刑を科す，としています。例えば，197条の収《しゅう》賄罪《わいざい》は公務員しか犯すことのできない犯罪です。

### ❖真正身分犯と不真正身分犯

**真正《しんせい》身分犯《みぶんはん》というのは，収賄罪のように特定の身分がある者だけが犯しうる犯罪です。**

**不真正《ふしんせい》身分犯《みぶんはん》というのは，特定の身分のある者が犯した場合罪がより重くなるような犯罪です。**例えば，刑法217条に遺棄《いき》罪《ざい》があります。他人の助けを必要とする人を遺棄した者を罰する規定です。1年以下の懲役です。刑法218条に保護責任者遺棄罪があります。他人の助けを必要とする人を保護する責任のある者がその人を遺棄した場合の規定です。3カ月以上5年以下の懲役です。重くなっていますね。この218条は不真正身分犯です。

そして刑法65条1項は，身分ある者だけが処罰される犯罪に加担した者も共犯として処罰される，として真正身分犯を規定しています。

刑法65条2項は身分によって軽重ある場合，身分のない者は軽い方の刑を刑にする，として不真正身分犯に関して規定しています。

このように考えるのが通説です。

---

63条：従犯の刑は，正犯の刑を減軽したものにする。

65条：①犯人の身分によって成立する犯罪行為に加担した場合，身分がない者でも，共犯とする。

②身分によって特に刑に重い軽いがある場合は，身分のない者には通常の刑を科す。

# キオークコーナー 8時間目

**[用語チェック]**

| | |
|---|---|
| ①共同正犯<br>②教唆犯<br>③従犯 | □　広い意味での共犯は〔①〕・〔②〕・〔③〕です。<br>狭い意味での共犯は，〔②〕と〔③〕です。 |
| ④任意的共犯 | □　〔④〕は，1人でも可能な犯罪を2人以上で犯すケースで，〔①〕・〔②〕・〔③〕です。 |
| ⑤必要的共犯<br>⑥対向犯<br>⑦集団犯 | □　〔⑤〕は本質的に2人以上の行為者が必要な犯罪で，賄賂罪のように渡す方ともらう方が必要な場合や，騒乱罪のようなものがあります。賄賂罪は〔⑥〕で，騒乱罪は〔⑦〕です。 |
| ⑧間接正犯 | □　人を道具として利用して犯罪を犯すことを〔⑧〕といいます。 |
| ⑨犯罪共同説 | □　〔⑨〕は，特定の犯罪を共同して実現するのが共犯だと考えます。共犯を構成要件の修正形式だと理解するのです。 |
| ⑩行為共同説 | □　〔⑩〕では，共犯は数人が共同の行為によってそれぞれが意図する犯罪を実現することだと考えます。 |
| ⑪共同意思主体説 | □　〔⑪〕は，共犯を共同意思主体の行為だと考えます。 |
| ⑫最小限従属形式<br>⑬制限従属形式<br>⑭極端従属形式 | □　共犯の従属形態は4つのパターンに分けて考えられます。<br>〔⑫〕は，正犯が構成要件に該当すれば共犯を処罰できると考えます。〔⑬〕は，正犯が構成要件に該当し，違法性を備えれば共犯を処罰できると考えます。〔⑭〕は，正犯が構成要件・違法性・責任の3つを満 |

たした場合に共犯を処罰できると考えます。

〔⑮〕は，正犯が構成要件・違法性・責任・処罰条件まで満たした場合に共犯を処罰するというものです。〔⑬〕が現在の通説です。

⑮誇張従属形式

□　教唆の〔⑯〕は不可罰です。

⑯未遂

□　従犯では教唆犯が正犯と同じ刑なのにくらべて〔⑰〕くなっています。

⑰軽

□　〔⑱〕というのは，収賄《しゆうわい》罪のように特定の身分がある者だけが犯しうる犯罪です。

⑱真正身分犯

□　〔⑲〕というのは，特定の身分のある者が犯した場合，罪がより重くなるような犯罪です。

⑲不真正身分犯

# 9時間目
# 刑法総論第9章 刑罰と罪数

▶ここで学ぶこと

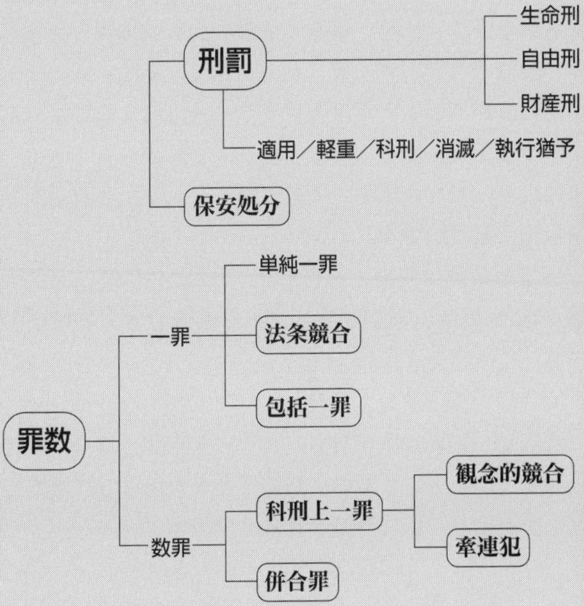

●1●
## 刑罰の種類

刑法上，次のような刑罰があります。

**刑罰の種類**

**①死刑　　　　　　　　生命刑**

**②懲役《ちようえき》・禁錮《きんこ》・拘留《こうりゆう》　　自由刑**

**③罰金・科料《かりよう》・没収《ぼつしゆう》　　財産刑**

**刑法9条は，死刑・懲役・禁錮・罰金・拘留・科料を主刑とし，没収を付加刑とする**，と規定しています。

死刑は原則として判決確定後6カ月以内に執行されることになっています。

懲役も禁錮も監獄での拘置《こうち》になりますが，懲役受刑者には強制作業が科されます。

懲役・禁錮は有期の場合，1カ月以上20年以下ですが，加重すれば30年，減刑すると1カ月未満です。拘留は拘留場に拘置して執行します。

罰金は1万円以上，科料は1万円未満1000円以上です。

没収は，犯罪行為を組成《そせい》したもの・犯罪行為に供したもの・犯罪行為から生じたもの・犯罪行為の対価として得たもの，などの所有権を国家に帰属させる処分です。

### ❖保安処分

保《ほ》安《あん》処《しよ》分《ぶん》は，将来犯罪を犯す危険性があるものに対して，隔離するなどの処分をすることです。現行刑法には保安処分の規定はありません。少し似たものに次のようなものがあります。

**保安処分に似た制度**
**①少年に対する保護処分**
**②精神障害者に対する措《そ》置《ち》入《にゆう》院《いん》**
**③売春婦に対する補導処分**

また，自由はく奪を伴わない処分として次のようなものがあります。

**自由はく奪を伴わない処分**
**①少年に対する保護観察**
**②執行猶予者に対する保護観察**
**③仮出獄者に対する保護観察**

9条：死刑・懲役・禁錮《こ》・罰金・拘留・科料を主刑，没収を付加刑とする。

## ❖刑の適用

次の3つの刑があります。

**刑の適用のされかた**
**①法定刑　刑法の条文で抽象的に規定している**
**②処断《しよだん》刑　法定刑に対して法律上・裁判上の加重《かちよう》減軽《げんけい》をしたもの**
**③宣告刑　処断刑の範囲内で裁判官が被告に宣告するもの**

## ❖刑の軽重

刑の軽《けい》重《ちよう》は刑法10条に定められています。1項で，主刑の軽重は死刑・懲役・禁錮・罰金・拘留・科料の順番。無期禁錮は有期懲役より重くなります。有期禁錮の長期が懲役の長期の2倍を超えるときも禁錮が重くなります。

10条：①主刑の軽《けい》重《ちよう》は，9条のとおり。ただし，無期の禁錮と有期の懲役では禁錮の方を重い刑とし，有期の禁錮の長期が懲役の長期の2倍を超えるときも，禁錮の方を重い刑とする。

### ❖科刑の順序

科刑の順序は次のとおりです。

**刑を科す順番**

**①再犯《さいはん》加重《かちよう》**

**②法律上の減軽**

**③併合罪の加重**

**④酌《しやく》量《りよう》減軽《げんけい》**

**これを略して再法併酌＝「さいほうへいしゃく」の順序といいます。**

まず再犯加重です。懲役を受けた者が執行を終わった日・執行の免除を得た日から5年以内に懲役以上の罪を犯した場合が再犯です。懲役の長期の2倍まで加重できますが30年を超えられません。

次は法律上の減軽です。必要的減軽事由としては心神耗弱と従犯があります。

中止犯は減軽か免除の選択です。

任意的減軽事由は次ページの黒板のとおりです。

72条：同時に刑を加重・減軽するときは，次の順序による。
1. 再犯《さいはん》加重《かちよう》 2. 法律上の減軽《げんけい》 3. 併合罪の加重 4. 酌《しやく》量《りよう》減軽

**任意的減軽事由**
**①過剰防衛**
**②過剰避難**
**③障害未遂**
**④自首・首服**
**⑤偽証罪・虚偽告訴罪における自白**

併合罪の加重は最も重い罪の刑の長期にその5割を加えます。

最後に酌量減軽は裁判上の減軽で，情《じよう》状《じよう》酌《しやく》量《りよう》して任意に減軽するものです。

ここで自首に似たものをまとめます。

**自首とそれに類似した制度**

**①自首　罪を犯した者が捜査機関にばれる前に，自分で犯罪事実を申告すること**

**②首服《しゆふく》　親告罪の犯人が告訴権者に対して捜査機関にばれる前に自分が犯人であることを申告すること**

**③自白　犯人が捜査機関に対してみずから犯罪事実を認める供述をすること**

●2●
# 罪数

## ❖法《ほう》条《じよう》競《きよう》合《ごう》

1個の行為が数個の罪になるように見えるが，1つの罪の適用が他の罪の適用を排除する場合です。例えば，殺人罪が適用されると殺人未遂罪は適用されません。

常習賭博罪が適用されると単純賭博罪は適用されません。傷害罪が適用されると暴行罪は適用されません。

## ❖包《ほう》括《かつ》一《いち》罪《ざい》

数個の罪が存在するが，実質的には一体になっているので1つの罪だけが適用される場合です。例えば，1つの倉庫から次々に3回に渡って米俵を盗みだした場合，1個の窃盗罪です。3個の窃盗罪ではありません。　接続犯といいます

また，常習賭博罪はしょっちゅう賭博をすることですから全体として1つの常習賭博罪になります。

15回賭博をしたからといって
15個の常習賭博罪になるわけではありませんね

## ❖科刑上一罪

科《か》刑《けい》上《じよう》一《いち》罪《ざい》は，理屈の上では複数の犯罪が成立するもの，刑罰を科す上で一罪として扱われるものです。

**観《かん》念《ねん》的《てき》競《きよう》合《ごう》と牽《けん》連《れん》犯《はん》があります。**

47条：併合罪のうちの2個以上の罪について有期の懲役・禁錮に処するときは，その最も重い罪について定めた刑の長期に，その2分の1を加えたものを長期とする。ただし，それぞれの罪について定めた刑の長期の合計を超えることはできない。

### ❖観念的競合

1個の行為が複数の罪名に触れるものです。例えば，酒に酔っ払って無免許運転した場合，運転行為は1つなので観念的競《かんねんてききょう》合《ごう》です。

ビルに爆弾を投げ込んだ場合，建造物損壊罪と殺人罪の観念的競合です。爆弾を投げ込む行為は1つだからです。

### ❖牽連犯

犯罪の手段・結果である行為が他の犯罪に該当する場合です。他人の家に侵入してお金を盗んだ場合，住居侵入罪と窃盗罪の牽連犯《けんれんはん》です。住居侵入は窃盗の手段だからです。

### ❖併合罪

併合罪《へいごうざい》は，確定裁判を経ていない複数の犯罪です。

つかまるまでにいくつもの犯罪を犯したような場合です。

●3●

## 執行猶予

刑法25条は，3年以下の懲役・禁錮・50万円以下の罰金の刑を受ける場合は，以前に禁錮以上の刑を受けたことがない者や，受けたことがあっても5年以上経た者の場合，執行猶予にすることができる，と規定しています。

刑務所に行く必要はありませんが，猶予期間中は前科は残ります。執行猶予期間は1年以上5年以下です。

期間経過後は法律上前科なしと扱われます。

---

45条：確定裁判を経ていない2個以上の罪を併合罪とする。ある罪について禁錮以上の刑に処する確定裁判があったときは，その罪とその裁判が確定する前に犯した罪とに限って，併合罪とする。

また，平成 28 年 6 月 1 日から，刑の一部執行猶予の制度が始まりました。たとえば懲役 3 年の実刑判決の場合，刑務所で 2 年 6 カ月受刑し，残りの 6 カ月を執行猶予にするといった制度です。

執行猶予による保護観察を充実させることで，薬物依存者などの再犯の防止を図るという目的があります。

●4●
## 刑罰の消滅

刑罰は次のような場合消滅します。

**刑罰が消滅するとき**
**①犯人の死亡**
**②恩赦　大赦《たいしゃ》・特赦《とくしゃ》・減刑・刑の執行の免除・復権**
**③時効**

---

25 条：①次に掲げる者が 3 年以下の懲役・禁錮・50 万円以下の罰金の言い渡しを受けたときは，情状により，裁判が確定した日から 1 年以上 5 年以下の期間，その刑の全部の執行を猶予することができる。
1. 前に禁錮以上の刑に処せられたことがない者
2. 前に禁錮以上の刑に処せられたことがあっても，その執行を終わった日・その執行の免除を得た日から 5 年以内に禁錮以上の刑に処せられたことがない者
②前に禁錮以上の刑に処せられたことがあっても，その刑の全部の執行を猶予された者が 1 年以下の懲役・禁錮の言い渡しを受け，情状により特に酌量すべきものがあるときも，同様とする。ただし，25 条の 2①の規定により保護観察に付せられ，その期間内にさらに罪を犯した者については，この限りではない。

刑罰の時効には次の2種類があります。

**刑罰の消滅時効**

**①公訴《こうそ》の時効**　**犯罪実行から一定期間がたった場合に公訴権を消滅させてしまうもの。犯人はまんまと逃げ切ります。**　→刑事訴訟法上の話

**②刑の時効**　**刑の言い渡しを受けたのに，執行を受けないことで刑罰権が消滅すること。**　→刑法上の話

平成22年の改正で，死刑の言い渡しを受けた者については，刑の時効の対象から除外されるようになりました。無期または10年以上の有期の懲役または禁錮の刑については，時効期間が延長されています。

31条：刑（死刑を除く。）の言い渡しを受けた者は，時効によりその執行の免除を得る。

## キオークコーナー 9時間目

**[用語チェック]**

| | |
|---|---|
| ①死刑 | □ 刑罰の種類には生命刑として〔①〕があります。 |
| ②〜④懲役，禁錮《きんこ》，拘留《こうりゅう》 | □ 自由刑として，〔②〕，〔③〕，〔④〕があります。 |
| ⑤〜⑦罰金，科料，没収 | □ 財産刑として，〔⑤〕，〔⑥〕，〔⑦〕があります。 |
| ⑧〜⑩確信犯，過失犯，政治犯 | □ 禁錮受刑者は〔⑧〕，〔⑨〕，〔⑩〕です。 |
| ⑪1 カ月⑫20 年<br>⑬30 年<br>⑭1 カ月未満 | □ 懲役・禁錮は有期の場合，〔⑪〕以上，〔⑫〕以下ですが，加重すれば〔⑬〕，減軽すると〔⑭〕です。 |
| ⑮保護処分<br>⑯措置入院《そちにゅういん》<br>⑰補導処分 | □ 保安処分に少し似たものには，少年に対する〔⑮〕，精神障害者に対する〔⑯〕，売春婦に対する〔⑰〕があります。 |
| ⑱法定刑 | □ 〔⑱〕は，刑法の条文で抽象的に規定しています。 |
| ⑲処断刑 | □ 〔⑲〕は，法定刑に対して法律上・裁判上の加重減軽をしたものです。 |
| ⑳宣告刑 | □ 〔⑳〕は，処断刑の範囲内で裁判官が被告人に宣告するものです。 |
| ㉑再犯加重《かちょう》<br>㉒法律上の減軽<br>㉓併合罪の加重<br>㉔酌量減軽 | □ 科刑の順序は，〔㉑〕，〔㉒〕，〔㉓〕，〔㉔〕の順です。 |

| | |
|---|---|
| □ 〔㉕〕は，罪を犯した者が捜査機関にばれる前に，自分で犯罪事実を申告することです。 | ㉕自首 |
| □ 〔㉖〕は，親告罪の犯人が告訴権者に対して捜査機関にばれる前に自分が犯人であることを申告することです。 | ㉖首服 |
| □ 〔㉗〕は，犯人が捜査機関に対して自ら犯罪事実を認める供述をすることです。 | ㉗自白 |
| □ 〔㉘〕は，1個の行為が複数の罪名に触れるものです。<br>例えば，酒に酔っ払って無免許運転した場合，運転行為は1つなので〔㉘〕です。 | ㉘観念的競合《かんねんてききょうごう》 |
| □ 〔㉙〕は，犯罪の手段・結果である行為が他の犯罪に該当する場合です。 | ㉙牽連《けんれん》犯 |
| □ 〔㉚〕は，確定裁判を経ていない複数の犯罪です。 | ㉚併合罪 |
| □ 刑罰は次のような場合消滅します。<br>〔㉛〕，〔㉜〕，〔㉝〕の場合です。 | ㉛〜㉝犯人の死亡，恩赦，時効 |
| □ 時効には，〔㉞〕と〔㉟〕の2種類があります。 | ㉞㉟公訴の時効，刑の時効 |

# 巻末付録

●行為の分類
●人の一生と権利
●法の系統樹
●犯罪の成立要件
●作為犯と不作為犯
●共謀共同正犯
●刑法条文の難読語

# 行為の分類

〔民法〕

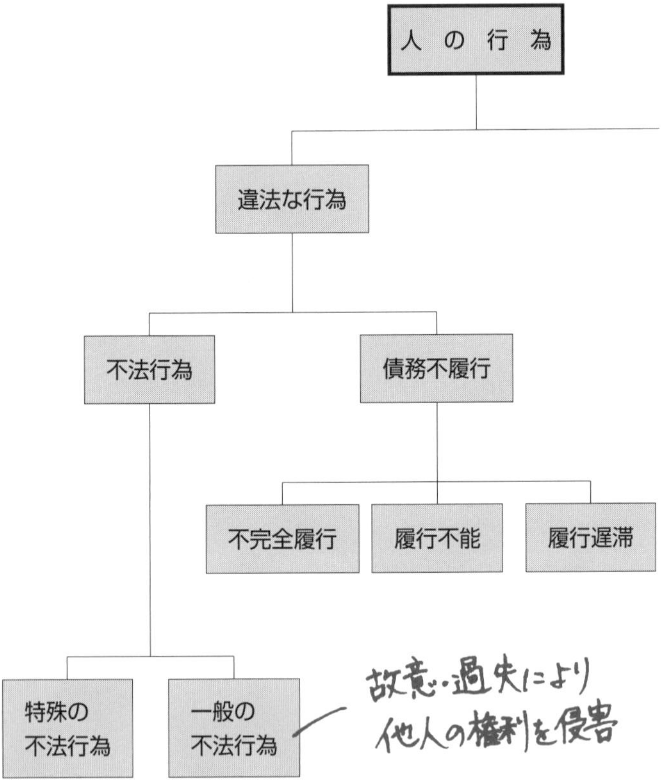
人の行為
違法な行為
不法行為
債務不履行
不完全履行
履行不能
履行遅滞
特殊の不法行為
一般の不法行為
故意・過失により
他人の権利を侵害

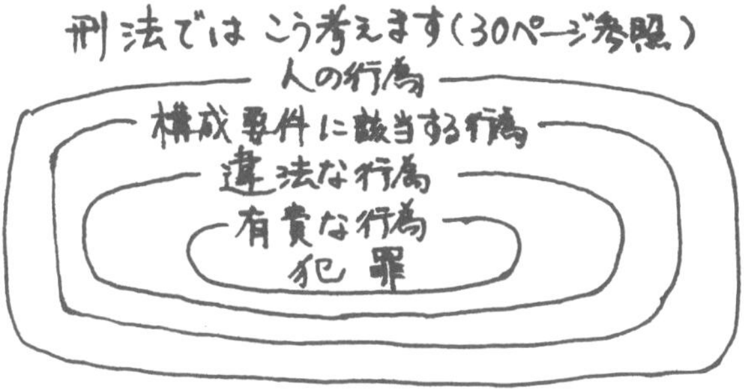
刑法ではこう考えます（30ページ参照）
人の行為
構成要件に該当する行為
違法な行為
有責な行為
犯罪

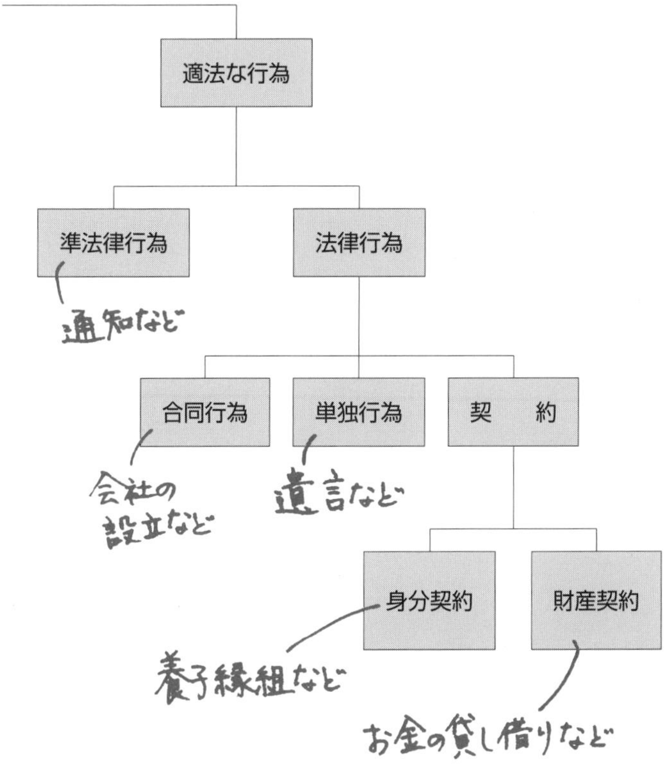
適法な行為
準法律行為
法律行為
通知など
合同行為
単独行為
契約
会社の設立など
遺言など
身分契約
財産契約
養子縁組など
お金の貸し借りなど

# 人の一生と権利

(71ページも参照!)

| | | |
|---|---|---|
|  | 胎 児 | ▷相続・遺贈・不法行為による損害賠償の請求<br>⇨生まれたものとみなす |
|  | 0 歳 | 出生 |
|  | 14 歳 | ▷罪を犯すと刑事上の責任を負わなければならない |
|  | 16 歳 | ▷女性は親の承諾を得て結婚することができる(※)<br>▷2輪・原付免許が取れる |
|  | 18 歳 | ▷男性は親の承諾を得て結婚することができる(※)<br>▷普通免許が取れる<br>▷選挙権が与えられる |
|  | 20 歳 | ▷酒・タバコが許される |
|  | 25 歳 | ▷衆議院議員・都道府県議会などの選挙に出馬できる |
|  | 30 歳 | ▷参議院議員・都道府県知事の選挙に出馬できる |

(※)令和4年4月1日から婚姻年齢は男女ともに18歳となる

# 法の系統樹

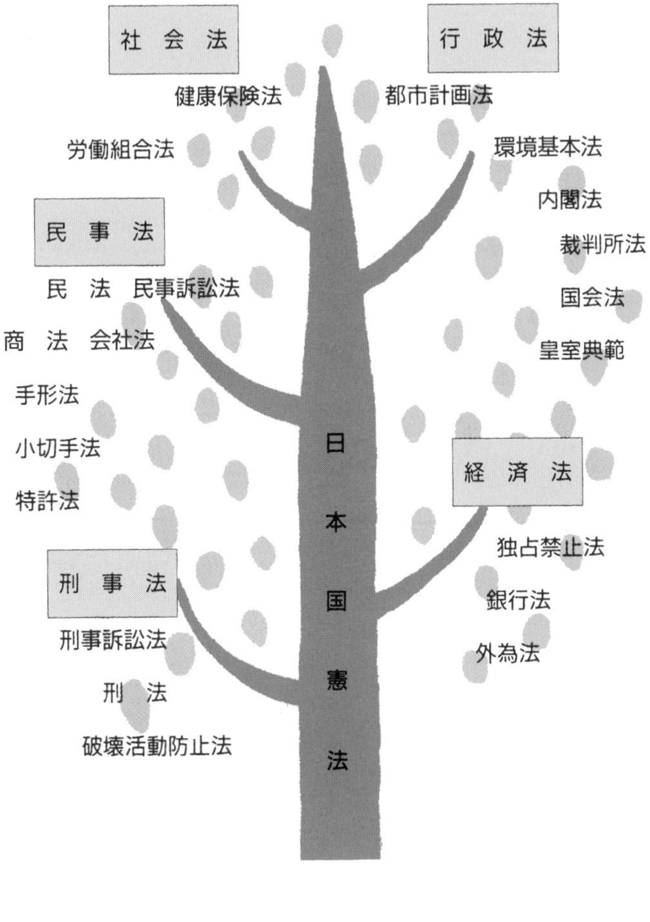
社 会 法
健康保険法
労働組合法
行 政 法
都市計画法
環境基本法
内閣法
裁判所法
国会法
皇室典範
民 事 法
民 法
民事訴訟法
商 法
会社法
手形法
小切手法
特許法
経 済 法
独占禁止法
銀行法
外為法
刑 事 法
刑事訴訟法
刑 法
破壊活動防止法
日本国憲法

# 犯罪の成立要件

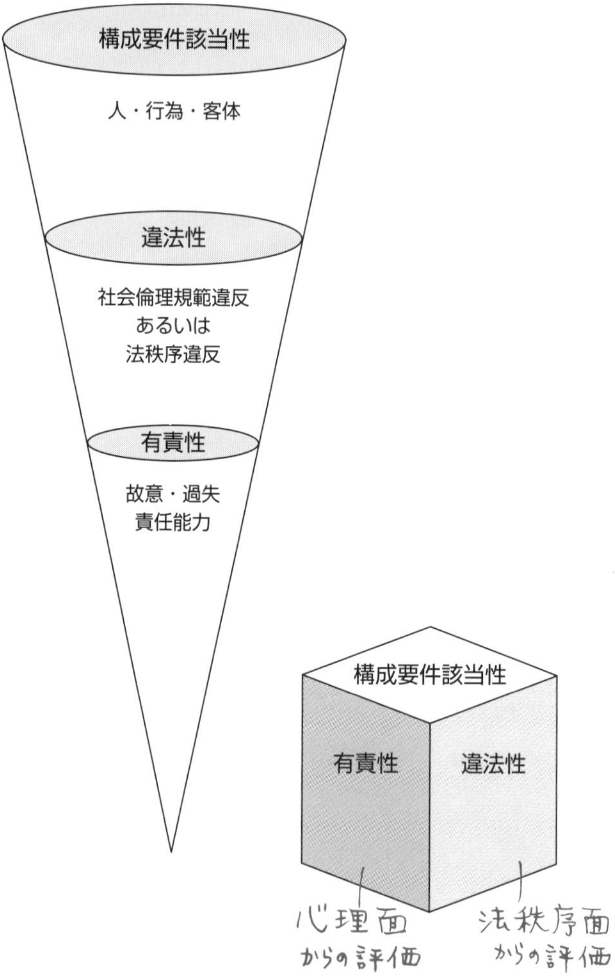
構成要件該当性
人・行為・客体
違法性
社会倫理規範違反
あるいは
法秩序違反
有責性
故意・過失
責任能力
構成要件該当性
有責性
違法性
心理面
からの評価
法秩序面
からの評価

# 作為犯と不作為犯

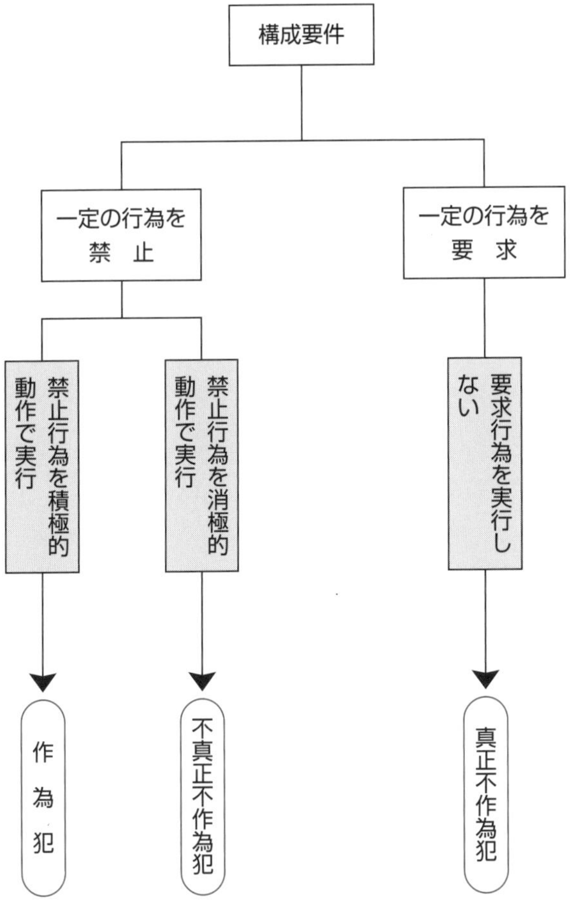
構成要件
一定の行為を禁止
一定の行為を要求
禁止行為を積極的動作で実行
禁止行為を消極的動作で実行
要求行為を実行しない
作為犯
不真正不作為犯
真正不作為犯

# 共謀共同正犯

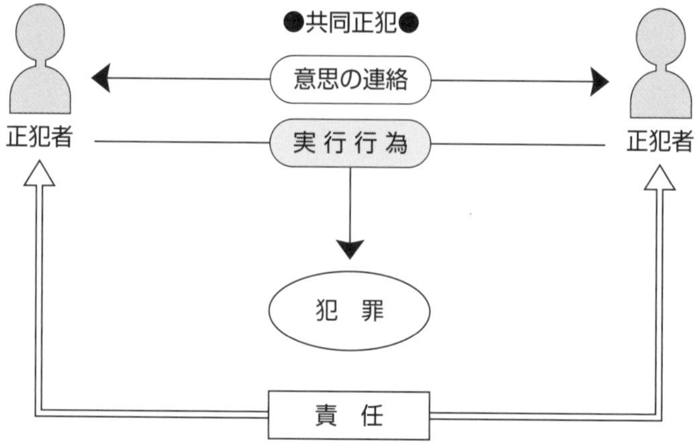


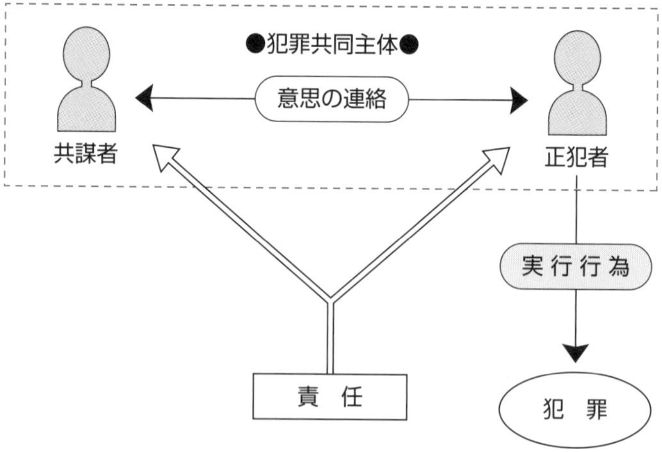

## 刑法条文の難読語（カッコ内は旧刑法のもの）

| 条 | 難読語 | 読み方 |
|---|---|---|
| (1 | 亦 | また |
| | 之 | これ |
| | 於テ | おいて) |
| (2 | 乃至 | ないし) |
| (3 | 此等 | これら) |
| (4の2 | 雖モ | いえども) |
| (6 | 因リ | より) |
| (7 | 官吏 | かんり |
| | 公吏 | こうり |
| | 依リ | より |
| | 謂フ | いう) |
| (7の2 | 能ハサル | あたわざる) |
| (8 | 此限ニ在 | このかぎりに |
| | ラス | あらず) |
| 9 | 禁固 | きんこ |
| 10 | 寡額 | かがく |
| (15 | 降ス | くだす) |
| 18 | 為ス | なす) |
| | 控除 | こうじょ |
| 19の2 | 追徴 | ついちょう |
| (20 | 該ル | あたる) |
| 21 | 勾留 | こうりゅう |
| (25 | 憫諒 | びんりょう |
| | 可キ | べき) |
| 26の2 | 遵守 | じゅんしゅ |
| 28 | 改悛 | かいしゅん |
| (30 | 何時 | いつ) |
| (36 | 已ムコト | やむこと |
| | 出デタル | いでたる) |
| 39 | 心神耗 | しんしんこう |
| | 弱 | じゃく |
| (40 | 瘖啞 | いんあ) |
| (43 | 著手 | ちゃくしゅ) |
| (45 | 若シ | もし |
| | 止タ | ただ) |
| (56 | 看做ス | みなす) |
| (59 | 仍ホ | なお) |
| 61 | 教唆 | きょうさ |
| 62 | 幇助 | ほうじょ |
| 66 | 酌量 | しゃくりょう |
| (68 | 原由 | げんゆ) |
| (70 | 剰ス | あます) |
| (77 | 顛覆 | てんぷく |
| | 僭窃 | せんせつ |
| | 紊乱 | びんらん |
| | 首魁 | しゅかい) |
| (82 | 与シテ | くみして) |
| (92 | 汚穢 | おわい) |
| (93 | 私ニ | ひそかに) |
| (98 | 械具 | かいぐ |
| | 勾引 | こういん) |
| 103 | 蔵匿 | ぞうとく |
| | 隠避 | いんぴ |

| | |
|---|---|
| (104—証憑 | しょうひょう |
| 湮滅 | いんめつ) |
| (106—騒擾 | そうじょう) |
| (107—聚合 | しゅうごう) |
| (108—焼燬 | しょうき) |
| (117—汽罐 | きかん) |
| (118—瓦斯 | ガス |
| 遮断 | しゃだん) |
| (120—溢水 | いっすい) |
| (123—決潰 | けっかい |
| 水閘 | すいこう) |
| (124—橋梁 | きょうりょう |
| 壅塞 | ようそく) |
| (133—封緘 | ふうかん |
| 開披 | かいひ) |
| (134—知得タル | しりえたる |
| 漏泄 | ろうせつ |
| 禱祠 | とうし) |
| (136—阿片 | あへん) |
| (143—由リ | より) |
| 154——御璽 | ぎょじ |
| 国璽 | こくじ |
| 御名 | ぎょめい |
| (押捺 | おうなつ) |
| 155——図画 | とが |
| (21章-誣告 | ぶこく) |
| (174—猥褻 | わいせつ) |
| 175——頒布 | はんぷ |
| 177——姦淫 | かんいん |
| 強姦 | ごうかん |
| 185——賭博 | とばく |
| (輸贏 | ゆえい |
| | 〈しゅえい〉 |
| 博戯 | ばくぎ |
| 賭事 | とじ |
| 賭シタル | としたる) |
| 186——博徒 | ばくと |
| (187—富籤 | とみくじ) |
| 188——神祠 | しんし |
| (191—蔵置 | ぞうち) |
| (25章-瀆職 | とくしょく) |
| 195——陵虐 | りょうぎゃく |
| 197——賄賂 | わいろ |
| (197の4-斡旋 | あっせん) |
| (208の2-兇器 | きょうき) |
| 230——毀損 | きそん |
| (誣罔 | ぶもう) |
| 232——皇嗣 | こうし |
| (243の2-副フ | そう) |
| 289——昏睡 | こんすい |
| (246—欺罔 | ぎもう |
| 騙取 | へんしゅ) |
| 249——恐喝 | きょうかつ |
| (256—贓物 | ぞうぶつ |
| 寄蔵 | きぞう |
| 故買 | こばい |
| 牙保 | がほ) |
| 258——毀棄 | きき |

# 本書関連の法律条文一覧

▷法律名のない条文はすべて刑法の条文です。
▷より理解しやすいように，漢数字を算用数字にし，読点を増やした箇所もあります。

第 1 編　総則

第 1 章　通則……………………………………………………………………

第 1 条 (国内犯) ▶この法律は，日本国内において罪を犯したすべての者に適用する。

❷日本国外にある日本船舶又は日本航空機内において罪を犯した者についても，前項と同様とする。

第 2 条 (すべての者の国外犯) ▶この法律は，日本国外において次に掲げる罪を犯したすべての者に適用する。

1　削除
2　第 77 条から第 79 条まで（内乱，予備《よび》及び陰謀《いんぼう》，内乱等幇助《ほうじょ》）の罪
3　第 81 条（外患《がいかん》誘致），第 82 条（外患援助），第 87 条（未遂《みすい》罪）及び第 88 条（予備及び陰謀）の罪
4　第 148 条（通貨偽造《ぎぞう》及び行使等）の罪及びその未遂罪
5　第 154 条（詔書《しょうしょ》偽造等），第 155 条（公文書偽造等），第 157 条（公正証書原本不実記載等），第 158 条（偽造公文書行使等）及び公務所又は公務員によって作られるべき電磁的記録に係《かか》る第 161 条の 2（電磁的記録不正作出及び供用）の罪
6　第 162 条 (有価証券偽造等) 及び第 163 条 (偽造有価証券行使等) の罪
7　第 163 条の 2 から第 163 条の 5 まで（支払用カード電磁的記録不正作出等，不正電磁的記録カード所持，支払用カード電磁的記録不正作出準備，未遂罪）の罪
8　第 164 条から第 166 条まで（御璽《ぎょじ》偽造及び不正使用等，公印偽造及び不正使用等，公記号偽造及び不正使用等）の罪並びに第 164 条第 2 項，第 165 条第 2 項及び第 166 条第 2 項の罪の未遂罪

第 3 条 (国民の国外犯) ▶この法律は，日本国外において次に掲げる罪を犯した日本国民に適用する。

1　第 108 条（現住建造物《げんじゅうけんぞうぶつ》等放火）及び第 109 条第 1 項（非現住建造物等放火）の罪，これらの規定の例により処断すべき罪並びにこれらの罪の未遂罪
2　第 119 条（現住建造物等浸害）の罪
3　第 159 条から第 161 条まで（私文書偽造《ぎぞう》等，虚偽《きょぎ》診断書等作成，偽

造私文書等行使）及び前条第5号に規定する電磁的記録以外の電磁的記録に係る第161条の2の罪
4　第167条（私印偽造及び不正使用等）の罪及び同条第2項の罪の未遂罪
5　第176条から第179条まで（強制わいせつ，強姦，準強制わいせつ及び準強姦，集団強姦等，未遂罪），第181条（強制わいせつ等致死傷）及び第184条（重婚）の罪
6　第199条（殺人）の罪及びその未遂罪
7　第204条（傷害）及び第205条（傷害致死）の罪
8　第214条から第216条まで（業務上堕胎《だたい》及び同致死傷，不同意堕胎，不同意堕胎致死傷）の罪
9　第218条（保護責任者遺棄《いき》等）の罪及び同条の罪に係る第219条（遺棄等致死傷）の罪
10　第220条（逮捕及び監禁）及び第221条（逮捕等致死傷）の罪
11　第224条から第228条まで（未成年者略取及び誘拐，営利目的等略取及び誘拐，身の代金目的略取等，所在国外移送目的略取及び誘拐，人身売買，被略取者等所在国外移送，被略取者引渡し等，未遂罪）の罪
12　第230条（名誉毀損《きそん》）の罪
13　第235条から第236条まで（窃盗，不動産侵奪《しんだつ》，強盗），第238条から第241条まで（事後強盗，昏酔《こんすい》強盗，強盗致死傷，強盗強姦及び同致死）及び第243条（未遂罪）の罪
14　第246条から第250条まで（詐欺，電子計算機使用詐欺，背任《はいにん》，準詐欺，恐喝《きょうかつ》，未遂罪）の罪
15　第253条（業務上横領《おうりょう》）の罪
16　第256条第2項（盗品譲受け《とうひんゆずりう》等）の罪

第3条の2（国民以外の者の国外犯）▶この法律は，日本国外において日本国民に対して次に掲げる罪を犯した日本国民以外の者に適用する。
1　第176条から第179条まで（強制わいせつ，強姦，準強制わいせつ及び準強姦，未遂罪）及び第181条（強制わいせつ等致死傷）の罪
2　第199条（殺人）の罪及びその未遂罪
3　第204条（傷害）及び第205条（傷害致死）の罪
4　第220条（逮捕及び監禁）及び第221条（逮捕等致死傷）の罪
5　第224条から第228条まで（未成年者略取及び誘拐，営利目的等略取及び誘拐，身の代金目的略取等，所在国外移送目的略取及び誘拐，人身売買，被略取者等所在国外移送，被略取者引渡し等，未遂罪）の罪
6　第236条（強盗）及び第238条から第241条まで（事後強盗，昏酔強盗，強盗致死傷，強盗強姦及び同致死）の罪並びにこれらの罪の

未遂罪

第4条(公務員の国外犯)▶この法律は，日本国外において次に掲げる罪を犯した日本国の公務員に適用する。

1　第101条（看守者等による逃走援助）の罪及びその未遂罪
2　第156条（虚偽《きよぎ》公文書作成等）の罪
3　第193条（公務員職権濫用《らんよう》），第195条第2項（特別公務員暴行陵《りよう》虐《ぎやく》）及び第197条から第197条の4まで（収賄《しゆうわい》，受託《じゆたく》収賄及び事前収賄，第三者供賄《きようわい》，加重《かちよう》収賄及び事後収賄，あっせん収賄）の罪並びに第195条第2項の罪に係る第196条（特別公務員職権濫用等致死傷）の罪

第4条の2(条約による国外犯)▶第2条から前条までに規定するもののほか，この法律は，日本国外において，第2編の罪であって条約により日本国外において犯したときであっても，罰すべきものとされているものを犯したすべての者に適用する。

第5条(外国判決の効力)▶外国において確定裁判を受けた者であっても，同一の行為について更に処罰することを妨げない。ただし，犯人が既に外国において言い渡された刑の全部又は一部の執行を受けたときは，刑の執行を減軽し，又は免除する。

第6条(刑の変更)▶犯罪後の法律によって刑の変更があったときは，その軽いものによる。

第7条(定義)▶この法律において「公務員」とは，国又は地方公共団体の職員その他法令により公務に従事する議員，委員その他の職員をいう。

❷この法律において「公務所」とは，官公庁その他公務員が職務を行う所をいう。

第7条の2▶この法律において「電磁的記録」とは，電子的方式，磁気的方式その他人の知覚によっては認識することができない方式で作られる記録であって，電子計算機による情報処理の用に供されるものをいう。

第8条(他の法令の罪に対する適用)▶この編の規定は，他の法令の罪についても，適用する。ただし，その法令に特別の規定があるときは，この限りでない。

## 第2章　刑

第9条(刑の種類)▶死刑，懲役《ちようえき》，禁錮《きんこ》，罰金，拘留《こうりゆう》及び科料《かりよう》を主刑《しゆけい》とし，没収を付加刑《ふかけい》とする。

第10条(刑の軽重)▶主刑の軽重《けいちよう》は，前条に規定する順序による。ただし，無期の禁錮と有期の懲役とでは禁錮を重い刑とし，有期の禁錮の長期が有期の懲役の長期の2倍を超えるときも，禁錮を重い刑とする。

❷同種の刑は，長期の長いもの又は多額《たがく》の多いものを重い刑とし，長期又は多額が同じであるときは，短期の長いもの又は寡額《かがく》の多いものを重い刑とする。
❸2 個以上の死刑又は長期若《も》しくは多額及び短期若しくは寡額が同じである同種の刑は，犯情《はんじょう》によってその軽重を定める。
第 11 条 (死刑) ▶死刑は，刑事施設内において，絞首《こうしゅ》して執行する。
❷死刑の言渡しを受けた者は，その執行に至るまで刑事施設に拘置《こうち》する。
第 12 条 (懲役《ちょうえき》) ▶懲役は，無期及び有期とし，有期懲役は，1月《げつ》以上 20 年以下とする。
❷懲役は，刑事施設に拘置《こうち》して所定の作業を行わせる。
第 13 条 (禁錮《きんこ》) ▶禁錮は，無期及び有期とし，有期禁錮は，1月《げつ》以上 20 年以下とする。
❷禁錮は，刑事施設に拘置する。
第 14 条 (有期の懲役及び禁錮の加減の限度) ▶①死刑又は無期の懲役若しくは禁錮を減軽して有期の懲役又は禁錮とする場合においては，その長期を 30 年とする。
②有期の懲役又は禁錮を加重する場合においては 30 年にまで上げることができ，これを減軽する場合においては 1 月未満に下げることができる。
第 15 条 (罰金) ▶罰金は，1 万円以上とする。ただし，これを減軽する場合においては，1 万円未満に下げることができる。
第 16 条 (拘留《こうりゅう》) ▶拘留は，1 日以上 30 日未満とし，拘留場に拘置する。
第 17 条 (科料《かりょう》) ▶科料は，1000 円以上 1 万円未満とする。
第 18 条 (労役場留置《りゅうち》) ▶罰金を完納することができない者は，1 日以上 2 年以下の期間，労役場に留置する。
❷科料を完納することができない者は，1 日以上 30 日以下の期間，労役場に留置する。
❸罰金を併科した場合又は罰金と科料とを併科した場合における留置の期間は，3 年を超えることができない。科料を併科した場合における留置の期間は，60 日を超えることができない。
❹罰金又は科料の言渡しをするときは，その言渡しとともに，罰金又は科料を完納することができない場合における留置の期間を定めて言い渡さなければならない。
❺罰金については裁判が確定した後 30 日以内，科料については裁判が確定した後 10 日以内は，本人の承諾がなければ留置の執行をすることができない。
❻罰金又は科料の一部を納付した者についての留置の日数は，その残額を留置一日の割合に相当する金額で除して得た日数（その日数に一日未満の

端数を生じるときは，これを一日とする。）とする。

第19条の2（追徴《ついちょう》）▶前条第1項第3号又は第4号に掲げる物の全部又は一部を没収することができないときは，その価額を追徴することができる。

第20条（没収の制限）▶拘留《こうりゅう》又は科料《かりょう》のみに当たる罪については，特別の規定がなければ，没収を科することができない。ただし，第19条第1項第1号に掲げる物の没収については，この限りでない。

第21条（未決勾留《みけつこうりゅう》日数の本刑算入）▶未決勾留の日数は，その全部又は一部を本刑に算入することができる。

## 第3章　期間計算……………………………………………………………

第22条（期間の計算）▶月又は年によって期間を定めたときは，暦に従って計算する。

第23条（刑期の計算）▶刑期は，裁判が確定した日から起算する。

❷拘禁《こうきん》されていない日数は，裁判が確定した後であっても，刑期に算入しない。

第24条（受刑等の初日及び釈放）▶受刑の初日は，時間にかかわらず，1日として計算する。時効期間の初日についても，同様とする。

❷刑期が終了した場合における釈放《しゃくほう》は，その終了の日の翌日に行う。

## 第4章　刑の執行猶予《ゆうよ》……………………………………………………………

第25条（刑の全部の執行猶予）▶次に掲げる者が3年以下の懲役《ちょうえき》若《も》しくは禁錮《きんこ》又は50万円以下の罰金の言渡しを受けたときは，情状《じょうじょう》により，裁判が確定した日から1年以上5年以下の期間，その刑の全部の執行を猶予することができる。

1　前に禁錮以上の刑に処せられたことがない者

2　前に禁錮以上の刑に処せられたことがあっても，その執行を終わった日又はその執行の免除を得た日から5年以内に禁錮以上の刑に処せられたことがない者

❷前に禁錮以上の刑に処せられたことがあってもその刑の全部の執行を猶予された者が1年以下の懲役又は禁錮の言渡しを受け，情状に特に酌量《しゃくりょう》すべきものがあるときも，前項と同様とする。ただし，次条第1項の規定により保護観察に付《ふ》せられ，その期間内に更に罪を犯した者については，この限りでない。

第25条の2（刑の全部の執行猶予中の保護観察《ほごかんさつ》）▶前条第1項の場合においては猶予の期間中保護観察に付することができ，同条第2項の場合においては猶予の期間中保護観察に付する。

❷前項の規定により付せられた保護観察は，行政官庁の処分によって仮に

解除することができる。

❸前項の規定により保護観察を仮に解除されたときは，前条第2項ただし書及び第26条の2第2号の規定の適用については，その処分を取り消されるまでの間は，保護観察に付せられなかったものとみなす。

第26条（刑の全部の執行猶予の必要的取消し）▶次に掲げる場合においては，刑の全部の執行猶予の言渡しを取り消さなければならない。ただし，第3号の場合において，猶予の言渡しを受けた者が第25条第1項第2号に掲げる者であるとき，又は次条第3号に該当するときは，この限りでない。

1　猶予の期間内に更に罪を犯して禁錮以上の刑に処せられ，その刑の全部について執行猶予の言渡しがないとき。

2　猶予の言渡し前に犯した他の罪について禁錮以上の刑に処せられ，その刑の全部について執行猶予の言渡しがないとき。

3　猶予の言渡し前に他の罪について禁錮以上の刑に処せられたことが発覚したとき。

第26条の2（刑の全部の執行猶予の裁量《さいりよう》的取消し）▶次に掲げる場合においては，刑の全部の執行猶予の言渡しを取り消すことができる。

1　猶予の期間内に更に罪を犯し，罰金に処せられたとき。

2　第25条の2第1項の規定により保護観察に付《ふ》せられた者が遵守《じゆんしゆ》すべき事項を遵守せず，その情状《じようじよう》が重いとき。

3　猶予の言渡し前に他の罪について禁錮以上の刑に処せられ，その刑の全部の執行を猶予されたことが発覚したとき。

第26条の3（刑の全部の執行猶予の取消しの場合における他の刑の執行猶予の取消し）▶前2条の規定により禁錮以上の刑の全部の執行猶予の言《いい》渡《わた》しを取り消したときは，執行猶予中の他の禁錮以上の刑についても，その猶予の言渡しを取り消さなければならない。

第27条（刑の全部の執行猶予の猶予期間経過の効果）▶刑の全部の執行猶予の言渡しを取り消されることなくその猶予の期間を経過したときは，刑の言渡しは，効力を失う。

第27条の2（刑の一部の執行猶予）▶次に掲げる者が3年以下の懲役又は禁錮の言渡しを受けた場合において，犯情の軽重及び犯人の境遇その他の情状を考慮して，再び犯罪をすることを防ぐために必要であり，かつ，相当であると認められるときは，1年以上5年以下の期間，その刑の一部の執行を猶予することができる。

1　前に禁錮以上の刑に処せられたことがない者

2　前に禁錮以上の刑に処せられたことがあっても，その刑の全部の執行を猶予された者

3　前に禁錮以上の刑に処せられたことがあっても，その執行を終わった日又はその執行の免除を得た日から5年以内に禁錮以上の刑に処せられたことがない者

❷前項の規定によりその一部の執行を猶予された刑については，そのうち執行が猶予されなかった部分の期間を執行し，当該部分の期間の執行を終わった日又はその執行を受けることがなくなった日から，その猶予の期間を起算する。

❸前項の規定にかかわらず，その刑のうち執行が猶予されなかった部分の期間の執行を終わり，又はその執行を受けることがなくなった時において他に執行すべき懲役又は禁錮があるときは，第1項の規定による猶予の期間は，その執行すべき懲役若しくは禁錮の執行を終わった日又はその執行を受けることがなくなった日から起算する。

第27条の3（刑の一部の執行猶予中の保護観察）▶前条第1項の場合においては，猶予の期間中保護観察に付することができる。

❷前項の規定により付せられた保護観察は，行政官庁の処分によって仮に解除することができる。

❸前項の規定により保護観察を仮に解除されたときは，第27条の5第2号の規定の適用については，その処分を取り消されるまでの間は，保護観察に付せられなかったものとみなす。

第27条の4（刑の一部の執行猶予の必要的取消し）▶次に掲げる場合においては，刑の一部の執行猶予の言渡しを取り消さなければならない。ただし，第3号の場合において，猶予の言渡しを受けた者が第27条の2第1項第3号に掲げる者であるときは，この限りでない。

1　猶予の言渡し後に更に罪を犯し，禁錮以上の刑に処せられたとき。

2　猶予の言渡し前に犯した他の罪について禁錮以上の刑に処せられたとき。

3　猶予の言渡し前に他の罪について禁錮以上の刑に処せられ，その刑の全部について執行猶予の言渡しがないことが発覚したとき。

第27条の5（刑の一部の執行猶予の裁量的取消し）▶次に掲げる場合においては，刑の一部の執行猶予の言渡しを取り消すことができる。

1　猶予の言渡し後に更に罪を犯し，罰金に処せられたとき。

2　第27条の3第1項の規定により保護観察に付せられた者が遵守すべき事項を遵守しなかったとき。

第27条の6（刑の一部の執行猶予の取消しの場合における他の刑の執行猶予の取消し）▶前2条の規定により刑の一部の執行猶予の言渡しを取り消したときは，執行猶予中の他の禁錮以上の刑についても，その猶予の言渡しを取り消さなければならない。

第27条の7（刑の一部の執行猶予の猶予期間経過の効果）▶刑の一部の執行猶予の言渡しを取り消されることなくその猶予の期間を経過したときは，その懲役又は禁錮を執行が猶予されなかった部分の期間を刑期とする懲役又は禁錮に減軽する。この場合においては，当該部分の期間の執行を終わった日又はその執行を受けることがなくなった日において，刑の執行を受け終わったものとする。

## 第5章　仮釈放《かりしやくほう》

第28条（仮釈放）▶懲役又は禁錮に処せられた者に改悛《かいしゆん》の状《じよう》があるときは，有期刑についてはその刑期の3分の1を，無期刑については10年を経過した後，行政官庁の処分によって仮に釈放することができる。

第29条（仮釈放の取消し）▶次に掲げる場合においては，仮釈放の処分を取り消すことができる。

1　仮釈放中に更に罪を犯し，罰金以上の刑に処せられたとき。
2　仮釈放前に犯した他の罪について罰金以上の刑に処せられたとき。
3　仮釈放前に他の罪について罰金以上の刑に処せられた者に対し，その刑の執行をすべきとき。
4　仮釈放中に遵守《じゆんしゆ》すべき事項を遵守しなかったとき。

❷仮釈放の処分を取り消したときは，釈放中の日数は，刑期に算入しない。

第30条（仮出場）▶拘留《こうりゆう》に処せられた者は，情状《じようじよう》により，いつでも，行政官庁の処分によって仮に出場を許すことができる。

❷罰金又は科料を完納することができないため留置《りゆうち》された者も，前項と同様とする。

## 第6章　刑の時効及び刑の消滅

第31条（刑の時効）▶刑（死刑を除く。）の言渡《いいわた》しを受けた者は，時効によりその執行の免除を得る。

第32条（時効の期間）▶時効は，刑の言渡しが確定した後，次の期間その執行を受けないことによって完成する。

1　無期の懲役又は禁錮については30年
2　10年以上の有期の懲役又は禁錮については20年
3　3年以上10年未満の懲役又は禁錮については10年
4　3年未満の懲役又は禁錮については5年
5　罰金については3年
6　拘留《こうりゆう》，科料《かりよう》及び没収については1年

第33条（時効の停止）▶時効は，法令により執行を猶予《ゆうよ》し，又は停止した期間内は，進行しない。

第 34 条 (時効の中断) ▶懲役，禁錮及び拘留《こうりゅう》の時効は，刑の言渡《いいわた》しを受けた者をその執行のために拘束することによって中断する。
❷罰金，科料《かりょう》及び没収の時効は，執行行為をすることによって中断する。
第 34 条の 2 (刑の消滅) ▶禁錮以上の刑の執行を終わり又はその執行の免除を得た者が罰金以上の刑に処せられないで 10 年を経過したときは，刑の言渡しは，効力を失う。罰金以下の刑の執行を終わり又はその執行の免除を得た者が罰金以上の刑に処せられないで 5 年を経過したときも，同様とする。
❷刑の免除の言渡しを受けた者が，その言渡しが確定した後，罰金以上の刑に処せられないで 2 年を経過したときは，刑の免除の言渡しは，効力を失う。

## 第 7 章　犯罪の不成立及び刑の減免……………………………………………

第 35 条 (正当行為) ▶法令又は正当な業務による行為は，罰しない。
第 36 条 (正当防衛) ▶急迫《きゅうはく》不正の侵害に対して，自己又は他人の権利を防衛するため，やむを得ずにした行為は，罰しない。
❷防衛の程度を超えた行為は，情状《じょうじょう》により，その刑を減軽し，又は免除することができる。
第 37 条 (緊急避難) ▶自己又は他人の生命，身体，自由又は財産に対する現在の危難を避けるため，やむを得ずにした行為は，これによって生じた害が避けようとした害の程度を超えなかった場合に限り，罰しない。ただし，その程度を超えた行為は，情状《じょうじょう》により，その刑を減軽し，又は免除することができる。
❷前項の規定は，業務上特別の義務がある者には，適用しない。
第 38 条 (故意《こい》) ▶罪を犯す意思がない行為は，罰しない。ただし，法律に特別の規定がある場合は，この限りでない。
❷重い罪に当たるべき行為をしたのに，行為の時にその重い罪に当たることとなる事実を知らなかった者は，その重い罪によって処断することはできない。
❸法律を知らなかったとしても，そのことによって，罪を犯す意思がなかったとすることはできない。ただし，情状《じょうじょう》により，その刑を減軽することができる。
第 39 条 (心神喪失《しんしんそうしつ》及び心神耗弱《しんしんこうじゃく》) ▶心神喪失者の行為は，罰しない。
❷心神耗弱者の行為は，その刑を減軽する。
第 40 条 (聾啞《ろうあ》) ▶削除
第 41 条 (責任年齢) ▶14 歳に満たない者の行為は，罰しない。
第 42 条 (自首等) ▶罪を犯した者が捜査機関に発覚する前に自首したと

きは，その刑を減軽することができる。
❷告訴がなければ公訴を提起することができない罪について，告訴をすることができる者に対して自己の犯罪事実を告げ，その措置にゆだねたときも，前項と同様とする。

## 第 8 章　未遂《みすい》罪

第 43 条（未遂減免《みすいげんめん》）▶犯罪の実行に着手してこれを遂《と》げなかった者は，その刑を減軽することができる。ただし，自己の意思により犯罪を中止したときは，その刑を減軽し，又は免除する。
第 44 条（未遂罪）▶未遂を罰する場合は，各本条で定める。

## 第 9 章　併合罪

第 45 条（併合罪）▶確定裁判を経ていない 2 個以上の罪を併合罪とする。ある罪について禁錮《きんこ》以上の刑に処する確定裁判があったときは，その罪とその裁判が確定する前に犯した罪とに限り，併合罪とする。
第 46 条（併科の制限）▶併合罪のうちの 1 個の罪について死刑に処するときは，他の刑を科さない。ただし，没収は，この限りでない。
❷併合罪のうちの 1 個の罪について無期の懲役又は禁錮に処するときも，他の刑を科さない。ただし，罰金，科料《かりよう》及び没収は，この限りでない。
第 47 条（有期の懲役及び禁錮の加重《かちよう》）併合罪のうちの 2 個以上の罪について有期の懲役《ちようえき》又は禁錮《きんこ》に処するときは，その最も重い罪について定めた刑の長期にその 2 分の 1 を加えたものを長期とする。ただし，それぞれの罪について定めた刑の長期の合計を超えることはできない。
第 48 条（罰金の併科等）▶罰金と他の刑とは，併科する。ただし，第 46 条第 1 項の場合は，この限りでない。
❷併合罪のうちの 2 個以上の罪について罰金に処するときは，それぞれの罪について定めた罰金の多額《たがく》の合計以下で処断する。
第 49 条（没収の付加）▶併合罪のうちの重い罪について没収を科さない場合であっても，他の罪について没収の事由があるときは，これを付加することができる。
❷2 個以上の没収は，併科する。
第 50 条（余罪の処理）▶併合罪のうちに既に確定裁判を経た罪とまだ確定裁判を経ていない罪とがあるときは，確定裁判を経ていない罪について更に処断する。
第 51 条（併合罪に係る 2 個以上の刑の執行）▶併合罪について 2 個以上の裁判があったときは，その刑を併せて執行する。ただし，死刑を執行すべきときは，没収を除き，他の刑を執行せず，無期の懲役又は禁錮を執行すべきときは，罰金，科料及び没収を除き，他の刑を執行しない。

❷前項の場合における有期の懲役又は禁錮の執行は，その最も重い罪について定めた刑の長期にその2分の1を加えたものを超えることができない。

第52条 (一部に大赦《たいしゃ》があった場合の措置) ▶併合罪について処断された者がその一部の罪につき大赦を受けたときは，他の罪について改めて刑を定める。

第53条 (拘留及び科料の併科) ▶拘留《こうりゅう》又は科料《かりょう》と他の刑とは，併科する。ただし，第46条の場合は，この限りでない。

❷2個以上の拘留又は科料は，併科する。

第54条 (1個の行為が2個以上の罪名に触れる場合等の処理) ▶1個の行為が2個以上の罪名に触れ，又は犯罪の手段若《も》しくは結果である行為が他の罪名に触れるときは，その最も重い刑により処断する。

❷第49条第2項の規定は，前項の場合にも，適用する。

第55条 (連続犯) ▶削除

## 第10章　累犯《るいはん》

第56条 (再犯《さいはん》) ▶懲役に処せられた者がその執行を終わった日又はその執行の免除を得た日から5年以内に更に罪を犯した場合において，その者を有期懲役に処するときは，再犯とする。

❷懲役に当たる罪と同質の罪により死刑に処せられた者がその執行の免除を得た日，又は減刑により懲役に減軽されてその執行を終わった日，若《も》しくはその執行の免除を得た日から5年以内に更に罪を犯した場合において，その者を有期懲役に処するときも，前項と同様とする。

❸併合罪について処断された者が，その併合罪のうちに懲役に処すべき罪があったのに，その罪が最も重い罪でなかったため懲役に処せられなかったものであるときは，再犯に関する規定の適用については，懲役に処せられたものとみなす。

第57条 (再犯加重《かちょう》) ▶再犯の刑は，その罪について定めた懲役の長期の2倍以下とする。

第58条 (確定後の再犯発見による加重) ▶削除

第59条 (3犯以上の累犯) ▶3犯以上の者についても，再犯の例による。

## 第11章　共犯

第60条 (共同正犯) ▶2人以上共同して犯罪を実行した者は，すべて正犯とする。

第61条 (教唆《きょうさ》) ▶人を教唆して犯罪を実行させた者には，正犯の刑を科する。

❷教唆者を教唆した者についても，前項と同様とする。
第62条 (幇助《ほうじょ》) ▶正犯を幇助した者は，従犯とする。
❷従犯を教唆した者には，従犯《じゅうはん》の刑を科する。
第63条 (従犯《じゅうはん》減軽) ▶従犯の刑は，正犯の刑を減軽する。
第64条 (教唆《きょうさ》及び幇助《ほうじょ》の処罰の制限) ▶拘留《こうりゅう》又は科料《かりょう》のみに処すべき罪の教唆者及び従犯は，特別の規定がなければ，罰しない。
第65条 (身分犯の共犯) ▶犯人の身分によって構成すべき犯罪行為に加《か》功《こう》したときは，身分のない者であっても，共犯とする。
❷身分によって特に刑の軽重があるときは，身分のない者には通常の刑を科する。

## 第12章　酌量《しゃくりょう》減軽

第66条 (酌量減軽) ▶犯罪の情状《じょうじょう》に酌量すべきものがあるときは，その刑を減軽することができる。
第67条 (法律上の加減と酌量減軽) ▶法律上刑を加重し，又は減軽する場合であっても，酌量減軽をすることができる。

## 第13章　加重《かちょう》減軽の方法

第68条 (法律上の減軽の方法) ▶法律上刑を減軽すべき1個又は2個以上の事由があるときは，次の例による。
1　死刑を減軽するときは，無期の懲役《ちょうえき》若《も》しくは禁錮《きんこ》又は10年以上の懲役若《も》しくは禁錮とする。
2　無期の懲役又は禁錮を減軽するときは，7年以上の有期の懲役又は禁錮とする。
3　有期の懲役又は禁錮を減軽するときは，その長期及び短期の2分の1を減ずる。
4　罰金を減軽するときは，その多額《たがく》及び寡額《かがく》の2分の1を減ずる。
5　拘留《こうりゅう》を減軽するときは，その長期の2分の1を減ずる。
6　科料《かりょう》を減軽するときは，その多額の2分の1を減ずる。
第69条 (法律上の減軽と刑の選択) ▶法律上刑を減軽すべき場合において，各本条に2個以上の刑名があるときは，まず適用する刑を定めて，その刑を減軽する。
第70条 (端数《はすう》の切捨て) ▶懲役，禁錮又は拘留《こうりゅう》を減軽することにより1日に満たない端数《はすう》が生じたときは，これを切り捨てる。
第71条 (酌量減軽の方法) ▶酌量《しゃくりょう》減軽をするときも，第68条及び前条の例による。
第72条 (加重《かちょう》減軽の順序) ▶同時に刑を加重し，又は減軽するときは，次の順序による。

1　再犯加重
2　法律上の減軽
3　併合罪の加重
4　酌量減軽

## さ　く　い　ん

## さ

## 著者プロフィール

**尾崎哲夫** (Ozaki Tetsuo)

1953年大阪生まれ。1976年早稲田大学法学部卒業。2000年早稲田大学大学院アジア太平洋研究科国際関係専攻修了。2008年米国ルイス・アンド・クラーク法科大学院留学。
松下電送機器㈱勤務，関西外国語大学短期大学部教授，近畿大学教授を経て，現在研究・執筆中。
主な著書に，「ビジネスマンの基礎英語」(日経文庫)「海外個人旅行のススメ」「海外個人旅行のヒケツ」(朝日新聞社)「大人のための英語勉強法」(PHP文庫)「私の英単語帳を公開します!」(幻冬舎)「コンパクト法律用語辞典」「法律英語用語辞典」「条文ガイド六法　会社法」「法律英語入門」「アメリカの法律と歴史」「アメリカ市民の法律入門（翻訳)」「はじめての民法総則」「はじめての会社法」「はじめての知的財産法」「はじめての行政法」「はじめての労働法」「国際商取引法入門」(自由国民社) 他多数がある。

[BLOG] http://tetsuoozaki.blogspot.com/
[E-MAIL] ted.ozaki@gmail.com
[Web] http://www.ozaki.to

**About the Author**

Ozaki Tetsuo, born in Japan in 1953, was a professor at Kinki University.
Graduating from Waseda University at Law Department in April 1976, he was hired as an office worker at Matsushitadenso (Panasonic group). He graduated from graduate school of Asia-Pacific Studies at Waseda University in 2000. He studied abroad at Lewis & Clark Law school in the United States in 2008. Prior to becoming a professor at Kinki University he was a professor at Kansaigaikokugo college (from April 2001 to September 2004).
He has been publishing over two hundred books including,

*A Dictionary of English Legal Terminology,* Tokyo : Jiyukokuminsha, 2003
*The Law and History of America,* Tokyo : Jiyukokuminsha, 2004
*An introduction to legal English,* Tokyo : Jiyukokuminsha, 2003
*English Study Method for Adults,* Tokyo : PHP, 2001
*The Dictionary to learn Legal Terminology,* Tokyo : Jiyukokuminsha, 2002
*The first step of Legal seminar series* (over 20 books series), Tokyo : Jiyukokuminsha, 1997～
*The Fundamental English for business person,* Tokyo : Nihonkeizaishinbunsha (Nikkei), 1994
*The Recommendation of Individual Foreign Travel,* Tokyo : Asahishinbunsha, 1999
*The Key to Individual Foreign Travel,* Tokyo : Asahishinbunsha, 2000
*Master in TOEIC test,* Tokyo : PHP, 2001
*Basic English half an hour a day,* Tokyo : Kadokawashoten, 2002
*I show you my studying notebook of English words,* Tokyo : Gentosha, 2004

*American Legal Cinema and English,* Tokyo : Jiyukokuminsha, 2005, and other lots of books.
He has also translated the following book.
Feinman, Jay, *LAW 101 Everything you need to know about the American Legal System,* England : Oxford University Press, 2000
*These book titles translated in English. The original titles are published in Japanese language.

[3日でわかる法律入門]
はじめての刑法総論《けいほうそうろん》
1999年5月16日　初版第1刷発行
2021年6月4日　第11版第1刷発行

**著　者——尾崎哲夫**
**発行者——石井　悟**
**印刷所——横山印刷株式会社**
**製本所——新風製本株式会社**
**発行所——**株式会社**自由国民社**

〒171-0033 東京都豊島区高田3—10—11
Tel 03(6233)0781(代) 振替 00100-6-189009
https://www.jiyu.co.jp/